U0137195

茨威格幸福語錄

茨威格非常重視人性之美德，比如寬容、誠信、節儉、拼搏等，
還主張珍惜時間、牢記使命、重視過程等。
大師也是個熱愛藝術、嚮往自由之人。

李靜———著

序言

　　斯蒂芬・茨威格（Stefan Zweig，1881-1942），生於維也納一個猶太資產階級家庭。第一次世界大戰時，茨威格投身於反戰工作，成為著名的和平主義者，但大家對他的瞭解，首先是作為一個作家。

　　在大師的一生中，他創作了眾多優秀的作品，有小說、傳記等，以卓越的成就蜚聲世界文壇。本書涉及的作品有《馬來狂人》、《恐懼》、《一個陌生女人的來信》、《一個女人一生中的24小時》、《象棋的故事》、《昨日的世界——一個歐洲人的回憶》、《人類的群星閃耀時》、《羅曼・羅蘭傳》、《異端的權利》、《命喪斷頭臺的法國艷后》等二十餘部作品，基本貫穿大師的一生。

　　斯蒂芬・茨威格是一個充滿智慧的作家，他在作品中探討生活的藝術，尋覓快樂生活的真諦。他熱愛讀書，把書籍當作朋友，與書為伴。愛情是人生中不可或缺的，茨威格在作品中描寫了初戀的細膩、熱戀的熾熱，讓人回味良久。茨威格的一生中結交了世界各地眾多的朋友，這些形形色色的朋友，來自不同的國度、迥異的階層，性格各異，但他們都是一些睿智之人，茨威格都能從他們身上發現優點。在書中，茨威格非常重視人性之美德，比如寬容、誠信、節儉、拼搏等，還主張珍惜時間、牢記使命、

重視過程等。大師也是個熱愛藝術、向往自由之人。

此外，茨威格在其作品中，還談到了上個世紀的教育以及過去的生活，還有成年之後，特別是戰爭來臨之際的經歷，通過這些記述，我們可以全方位地瞭解他的生活，而從他的生活態度中，我們可以感受到大師人格的魅力、精神的崇高，學到做人的智慧。

本書儘最大努力呈現斯蒂芬·茨威格的智慧語言，希望廣大讀者朋友們能從中汲取精神的營養，獲得靈魂的啟迪，並把一些珍貴的道理運用於生活，祝願各位今後的生活更加幸福、美好。

目錄

Stefan
Zweig

*Stefan
Zweig*

第一篇

生活的藝術

快樂生活

快樂的人是不會注意時間的。

無論是誰,如果自己正在快樂的溪流裡漂浮著,就會忘記時間的流逝。

時間是你的僕人,你並不是時間的奴隸啊。你不是被這每時每秒都在瘋狂轉動著的時間風車驅趕著,而是坐在一隻收起槳的小船裡,閉著眼睛在時間的長河中隨波蕩漾。(《同情的罪》)

每個人都有這樣的感覺,快樂的時光總是轉瞬即逝,而悲傷的日子卻度日如年。

時間是公平的,也是不公平的,怎樣度過人生幾十年,取決於每個人自己。是快快樂樂地生活,還是淒淒艾艾的度日,由你自己來選擇。

生活是一門藝術,要用心靈去體驗。

懂得放棄

我放棄了收藏,但我不感到後悔。因為在那些敵視一切藝術、敵視一切收藏品的年代,我們這些被追逐、被驅趕的人還必須新學會一種藝術,即懂得放棄的藝術:向我們曾經視為驕傲和熱愛過的一切訣別。(《昨日的世

界——一個歐洲人的回憶》)

茨威格不僅是一個文學家，也是一個收藏家。

他從青年時代起就酷愛收藏，一直到二戰來臨，在法西斯的淫威之下，才被迫放棄。

大師沉重地揮一揮手，作別了一生鍾愛的收藏事業。

抓住機會，把握命運

（格魯希）這個唯命是從、畏首畏尾的拿破侖部下，在那關鍵的一秒中沒有看到決定性的戰機……毀壞了他（拿破侖）這個最有膽識、最有遠見的人物在二十年裡所建立起來的全部英雄業績。

那一瞬間原可以使他成為命運的主人，而他卻錯過了機緣。（《人類的群星閃耀時‧滑鐵盧的一分鐘》）

正如世界上不是缺乏光明，而是缺少發現光明的眼睛一樣，人生中不是缺少機遇，而是缺少把握機遇的英雄。

在滑鐵盧這場決定拿破侖、法蘭西，乃至整個歐洲命運的戰役中，一個微不足道的小人物——格魯希坐失良機。所以，他注定是一個平庸之輩，永遠成不了英雄。

敢於說不

男子漢大丈夫就不該屈服，大家必須說「不」，這是當今唯一的責任，而不是去任人宰割。

適用於地球上的人類的，祇有一條法則：除了相親相愛，任何東西都不能把一個人真正束縛住。（《栲栳》）

別人打你的左臉，你把右臉也伸過去給他打，一味地忍讓退縮，能換來和平嗎？

面對邪惡，過分的忍讓祇會助長惡勢力的囂張氣焰。

世界上的每一個人都應該敞開胸懷，平等、善良、寬容地對待他人，這樣才能抑制邪惡，消除暴力，換來世界的和平、人類的幸福。

自己生活和讓別人生活

在那古老的維也納，人們生活得很好，輕鬆愉快，無憂無慮。……他們並不「能幹」，也沒有緊張的秩序，而願意享受生活：吃得好，在節日和劇院裡尋找樂趣，並為此創造出了卓越超群的音樂。

（維也納人）不喜歡那種要凌駕於其他一切人之上的野心和拼命的追逐，他們喜歡怡然自得地聊天，習慣於相安共處，讓每一個毫無妒意的人在與人為善和或許是漫不

經心的和睦氣氛中各得其所。（《昨日的世界——一個歐洲人的回憶》）

北邊的德國人不喜歡這群居住在多瑙河畔的鄰居，維也納人也不喜歡德國人的那種所謂的「能幹」。維也納人的著名原則「自己生活和讓別人生活」，「至今仍然是一個比一切絕對的命令更富於人性的原則」。

詩的精靈

誰也弄不清楚這個善良的山野樵夫是何時和怎樣來到柏林這座大城市的，也不知道他到這裡來到底要幹什麼。其實他什麼也不想要，既不想成名，也不想煊赫。他祇想在這裡生活得更加無憂無慮，更加自由自在。（《昨日的世界——一個歐洲人的回憶》）

在柏林，茨威格很快「就找到了一個放蕩不羈、氣味相投的社交圈子」。在這裡，「各色各樣的人濟濟一堂，其中有作家、建築師、冒充風雅的半吊子、新聞記者、打扮成工藝美術家和雕刻家的年輕姑娘們」等等，這些人在一起激烈爭論，無拘無束，「令人感動的是，在這些自詡為『浪漫文人』的年輕人中間，還坐著一位像聖誕老人似的鬍鬚灰白的老翁」，他才是一位真正的詩人，簡直是

「詩的精靈」。

這個「詩的精靈」，他的詩「完全是別具一格的詩，是一個天才抒情詩人的即興作品」，他的詩通常「是他在電車上或者在咖啡館裡用鉛筆寫下的」，詩興來了，就隨便找張紙寫下，寫完即忘。

這個穿著破衣爛衫的人，忘卻塵世，淡泊功名，過著神仙般的詩酒人生。

美在過程

茨威格曾「親眼見到一張貝多芬的最初手稿，儘管上面塗改得亂七八糟，開始時的樂譜和刪掉的樂譜糾纏在一起」，正是這張混亂不堪的半成品讓他看到了貝多芬才氣橫溢的創作熱情。

我像著了魔似的，愛不釋手地把這樣一張天書似的陳舊手稿看上半天，就像別人看一幀完美的畫像一樣。

巴爾扎克的一件校樣會使我欣喜若狂——上面的每句話幾乎都修改過，每行字都反復塗改多次，四周的白邊由於各種修改記號而變成了黑色。（《昨日的世界——一個歐洲人的回憶》）

人們往往過於關注成功，而忽略了過程。歌德曾說

過：「倘若你想完全領悟偉大的傑作，你不僅要看到過它們的成品，而且必須瞭解它們形成的過程。」

正是這些未完成的、尚未成熟定型的作品，使茨威格看到了大師創作的過程，理解了他們創作道路的艱辛。

結果固然重要，過程同樣值得讚美。人生就是一次旅程，認真體味，美在其中。

忠於自己的內心

我第一次有了這樣的感情：我要說出我自己的心裡話，同時要說出時代的心聲。……我把所有和我周圍的人交談中不能說的話，都通過劇本中詩句的對白說了出來。我把壓在我心頭的沉重負擔拋得遠遠的，我自己解脫了自己；正當我對時代的一切都「不滿意」的時候，我卻找到了對自己「滿意」的東西。（《昨日的世界——一個歐洲人的回憶》）

看到了戰爭給人類帶來的災難，經歷了戰爭中的起起伏伏，茨威格寫下了劇本《伊拉斯謨》。生活中有真實，也有謊言，你不能決定別人能否忠實於你，但你可以選擇忠實於自己的內心。

忠於自己的內心，使自己的生活過得更踏實，其實也

是一種藝術。

把握機遇

　　吉爾波，這個不可救藥的論戰者，在俄國也像他當年在巴黎一樣，惹是生非，爭吵不休，虛擲了自己的才幹，終於漸漸地和那些曾經尊敬過他的勇氣的人鬧翻，其中首先是列寧，然後是巴比塞和羅曼・羅蘭，最後是我們大家。

　　這位在戰爭中最勇敢、最大膽的反戰爭者若能懂得充分利用時代賦予他的機遇，那麼他很可能成為我們那個時代的偉人之一，但他如今卻已全然被人忘卻。（《昨日的世界——一個歐洲人的回憶》）

　　機遇總是垂青有準備的頭腦。一個蘋果落地，牛頓從中發現了萬有引力；一隻鳥兒從窗前飛過，泰戈爾的筆下出現了優美的詩句。

　　為什麼有的人收獲成功，有的人遭遇失敗？關鍵就看你在機遇面前有沒有做好準備。

在非凡的歲月裡享受生活

戰爭結束了，緊接著出現通貨膨脹，「當時住在奧地利的每一個人單單維持一天的生活就要開銷幾萬或幾十萬克朗，後來在德國則要開銷數百萬克朗」。在這樣的年代，人們一定以為整個社會的生活非常糟糕，更談不上看戲和娛樂，然而情況正相反。

正是這種意想不到的事——以往最穩定的貨幣現在天天貶值，從而使人們更看重生活——工作、愛情、友誼、藝術和自然——的真正價值。

處於整個災難之中的整個民族生活得比以往更富有情趣、更充滿活力；小伙子和姑娘們上山遠足，回家時已曬得膚色黝黑；舞廳裡的音樂一直演奏到深夜；新的工廠和商店四處興建；我自己都幾乎不敢相信我在那幾年的生活和工作竟會比以往更朝氣蓬勃。我們以前認為重要的東西，現在變得更重要了；我們在奧地利從未有像在那混亂的幾年裡更熱愛藝術，因為由於金錢的背叛，我們覺得自己心中這種永恆的東西——藝術，才真正可靠。（《昨日的世界——一個歐洲人的回憶》）

精心打理你的生活

對於心灰意懶的人來說，旁人處於興奮狀態就是最最扣人心弦的戲劇。（《奇妙之夜》）

科技不斷進步，生活節奏日益加快，越來越多的人忙於工作應酬，沒有了閒情逸致，生活疏於打理，更談不上蘊藏其中的生活藝術了。

每個人都有惰性，你是否有勇氣承認，由於內心的惰性，你「過的日子越來越千篇一律了，儘管在事務上、變故上有種種不同。它們一個挨一個的排列著，沒有重點，像樹葉一樣生長凋落」。

其實，生活中不是缺少藝術，而是缺少發現藝術的眼睛。一朵花兒開了，一隻鳥兒從窗前經過，一陣微風吹來，祇要你用心去體驗，生活之美隨處可見。

學會安靜

安靜是一種有創造性的因素。它可以聚集、提煉、整飭一個人的內心力量；它可以把動盪所驅散的東西再收攏到一起。正像經過搖動的瓶子，你把它放到桌上，裡面的東西就會沉澱下來，重的便會脫離輕的，落到瓶底。人也是如此，如果一個人性情中含有多種混合成分，冷靜和沉

思常可使其中的某些成分更清楚地顯露出來。（《命喪斷頭臺的法國艷后》）

在這個光怪陸離、聒噪喧囂的社會，安靜顯得特別珍貴，很多城市人為了逃離喧囂，選擇到鄉下居住。

若想使你的生活更美好，請學會安靜、學會沉思吧！

對人生充滿信心

也許整個人生比我想象的要容易萬倍，關鍵是要有勇氣，要自愛、自信，做到了這一點，就會有神力自天而降了。（《富貴夢》）

毛澤東早年曾豪情萬丈地吟誦：「自信人生二百年，會當水擊三千里。」成功的人生必定離不開自信。

人生其實沒那麼糟糕，關鍵看你的心境。如果充滿自信，以一種積極的心態對待生活，那麼困難也能克服；如果缺乏自信，即使是很小的挫折，也能將你打敗。

正確對待名利

一個人不管以什麼形式成名，本身就意味著對其自然的平衡狀態的破壞。在正常情況下，一個人使用的名字，

無非就像雪茄的外層煙葉一樣，祇不過是一個標記，一個表面的、幾乎無關緊要的客體，它和真正的主體、即原本的我祇有鬆散的聯繫。然而一旦有了成就，這個名字就會身價百倍。名字就會脫離使用這個名字的人，開始成為一種權力、一種力量、一種自在之物、一種商品、一種資本，而且在強烈的反衝下，成為一種對使用這個名字的本人不斷產生內在影響的力量。（《昨日的世界——一個歐洲人的回憶》）

人，會受這種力量的驅使，飄飄然，忘乎所以，最終成為名利場上的奴隸；而聰明的人「會把一種外在的成就，看作一種恰恰要在那樣微妙的處境中儘可能使自己保持不變的責任」。

《紅樓夢》開篇寫道：「人人都說神仙好，惟有功名忘不了。」人生在世，幾多羈絆，追名逐利，幾多較量，也幾多迷茫。世上沒有不為名利的超人，但有正確對待名利的智者。

第二篇

教育

上個世紀的學校

我對小學到中學的整個生活始終感到無聊和厭倦，一年比一年感到不耐煩，盼望儘早擺脫那種枯燥乏味的求學生活。我記不得在當時那種單調枯燥、缺乏溫暖、毫無生氣的學校生活中曾有過什麼「愉快」和「幸福」。學校生活徹底破壞了我們一生中最美好、最無拘無束的時代。

（《昨日的世界──一個歐洲人的回憶》）

每一個時代，每一個「上流」家庭要保住它在社會上的地位，都十分注重孩子的教育，因此讀完小學、中學，然後進入大學，是這些孩子的必由之路。

然而，據茨威格說，「這條通往大學的道路卻是相當漫長，一點都不令人感到愉快」。

那時候，「學習負擔重得不能再重，幾乎沒有進行體育鍛煉和散步的時間，更談不上消遣和娛樂。我今天還依稀記得，我們七歲的時候非得學會合唱一首什麼『愉快幸福的童年』的歌」。

青年時代的「牢房」

許多年以後，當我路過那幢暗淡、凋敝的樓房時，我還有一種如釋重負的感覺：我總算不必再跨進那間我

青年時代的牢房了。（《昨日的世界——一個歐洲人的回憶》）

對學校和教育來說，有什麼比讓學生把教室喻作牢房更可悲的事情呢？

茨威格青年時代的學校，據他回憶，從外觀上看，一副死氣沉沉的樣子，「那是一幢典型的實用建築，是五十年前用低廉的造價，馬馬虎虎倉促建造起來的。陰冷的走廊粉刷得十分糟糕，低矮的教室裡沒有一幅畫或者其他使人賞心悅目的裝飾」。

彌漫在空氣中的是一股子霉味，有人把它稱為「國庫」味，就是那種「在奧地利的所有官署辦公室裡比比皆有的霉味」。

教室裡光線很暗，「到了冬季，沒有燈罩的煤氣燈發出藍幽幽的火光，在我們的書本上閃爍；到了夏季，所有的窗戶都被精心地遮上了窗簾，為的是不讓學生看到那一角藍色的天空而思想開小差」。

一味追求「持重」

年輕，處處成為昇遷的障礙；年老卻成了有利條件。

任何一個想要進取的人，為了使自己顯得年老一些而

不得不想儘各種辦法打扮自己。

　　青年人的那種朝氣、自信、大膽、好奇、歡樂──這一切在我們今天看來都是令人羨慕的素質，但在那個一味追求「持重」的時代，卻被看作靠不住的表現。（《昨日的世界──一個歐洲人的回憶》）

　　因為年輕，你可以自由地去生活，就像離了線的風箏一樣，飄飄搖搖，隨心所欲，自由自在，無拘無束。「今天到處推崇年輕、活力、幹勁、自信」，然而並非每個時代都推崇年輕，在茨威格生活的那個太平時代，「誰不幸看上去顯得特別年輕，那麼他就得到處克服那種不信任感」。

大學生之特權

　　作為當時社會的精英階層，大學生們享有一項特殊的權利，那就是「他們有權與人決鬥而不受懲罰」，而且通常的情況是，「要是誰侮辱了他，誰就必須答應『決鬥』。也就是說，非用武器決一雌雄不可，如果那人證明自己也『有權進行決鬥』的話」。

　　「有權進行決鬥」這個說法本身，就帶有洋洋得意的味道：

不是指某個商人或者某個銀行家，而是指祇有受過大學教育和有學位的人或者軍官，才能享有這種和一個嘴上無毛的愚蠢年輕人進行擊劍的特殊「榮譽」，這種「榮譽」在幾百萬人中間也難得有第二個人能享受。（《昨日的世界——一個歐洲人的回憶》）

光輝的傷疤

他要儘可能多地參加決鬥，甚至要在臉上留下這種英雄行為的真正標記——「劍刺的傷疤」，讓人看得一目瞭然；光滑的面額、一個沒有傷痕的鼻子，與一個真正的日耳曼大學生的身份是不相稱的。（《昨日的世界——一個歐洲人的回憶》）

維也納的大學生們，利用自己的特權，經常會出現決鬥流血事件，這在當時的社會上甚至形成了一種風氣。那些年輕氣盛的人們，做這些祇是為了證明自己具有男子漢氣概，標榜自己是一個真正的大學生。

大學生風度

那時的大學裡，有一種學生團體叫「聯誼會」，每一個加入進來的新生，都由一個師兄帶領，並要完全聽命於他。這位師兄的任務就是：

教會他去適應那種高貴的「品嚐」藝術：點滴不剩地一口氣喝儘一大杯啤酒，一直喝到嘔吐為止，從而十分光彩地證明自己不是一個「懦夫」。（《昨日的世界——一個歐洲人的回憶》）

有時候，他們還聚在一起，「高唱大學生歌曲，或者在夜間成群結隊喧囂著穿過街道，嘲弄警察」。

這一切，都被認為是「男子漢氣概」、「大學生風度」、「德意志氣派」。

可悲的英雄

一個大學生一旦成為一個「好鬥」的大學生聯誼會的成員，就能保證他得到這個組織的「元老」們的提攜，使他日後得到高官厚祿，飛黃騰達。（《昨日的世界——一個歐洲人的回憶》）

那些喜歡決鬥、經常尋釁滋事的大學生們，在茨威格看來，並沒有什麼值得誇耀的，更不能稱其為英雄。

決鬥，這一在表面看來富有浪漫主義色彩的行為，其實是有各種實際目的的。所以，當他看到那種帶著傷疤的面孔，或者尋釁滋事的神氣，就感到厭惡。

Stefan
Zweig

第三篇

書籍是人類的朋友

他的生活就是讀書

第一次見到羅曼·羅蘭的情景，茨威格日後回憶起來還歷歷在目：

那是坐落在蒙巴拿斯林蔭大道附近的一幢不顯眼的房子，我走上五層狹窄的盤旋扶梯，在他的寓所門前，我就已感到一種特別的寧靜，窗戶下是一座古老寺院的園子，除了聽到風兒吹拂樹葉的簌簌聲，幾乎聽不見林蔭大道上的鬧聲。

他的生活就是讀書。他精通文學、哲學、歷史，掌握一切國家和時代的問題。他幾乎從不散步，吃得也很少，不抽煙，不喝酒，他允許自己鬆弛一下的唯一事情，就是音樂。（《昨日的世界——一個歐洲人的回憶》）

讀書的意義

想到一個沒有書的人的世界是如何狹隘，我真禁不住驚異。（《書的禮讚》）

人生是有限的，每個人祇能擁有一種生活，可是通過讀書，我們的視野將得到無限延伸，人生閱歷得到豐富，「因為當我們讀書時」，我們「生活著旁人的生活，用他們的眼睛觀察，用他們的腦筋思索」。

書本，是人類智慧的源泉，有書可讀的人是幸福的。

書本給予人類無垠的世界

書籍給予我關於這廣闊的無垠的世界的最初的景象，以及想要沉浸其中的意念。（《書的禮讚》）

任何地方，任何時代，書籍的偉大作用都是無可取代的。大師一生與書為友，在書海中自由遨遊、徜徉，得出了很多真知灼見，「一個人和書籍接觸得愈親密，他便愈加深刻地感到生活的統一」，「他不僅用他自己的眼睛觀察，而且運用著無數心靈的眼睛，由於他們這種崇高的幫助，他將懷著摯愛的同情踏遍整個的世界」。

書籍成就文化人

有了書籍，誰也不再有閉關自守、縮在自己狹隘的樊籠裡的必要，而能感受世界一切已經或正在發生的事情，他能共有整個人類的思想和感覺。（《書的禮讚》）

一個人的生活是狹隘的，受所在時空的限制，每個人都有坐井觀大的可能，「我們所謂文化人，沒有書籍也無從存在」。

作為一個文化人，一個思想者，不能沒有書籍，「在思想世界所發生的幾乎每一件事情，今日都要依靠著書籍，而這種生活形式，充滿著智慧，超越於物質關係之上」。

讀書如同呼吸

讀書的時候，我們從眼中不停地攝取心靈的食糧，這樣給我們精神以滋養，正如同呼吸，每一次呼吸，我們吸進氧氣，由於這看不見的營養物，使得我們的血液起一種神秘的化學上的滋養。（《書的禮讚》）

書本對我們的影響是潛移默化的，甚至是看不見的。

越來越多的人認為，讀書之於生活的意義，正如呼吸之於生命，「因為我們已是幾千年寫作生活的後裔，閱讀幾乎已經成了一種生理的本能，幾乎是自動的」。

文盲的世界

茨威格在地中海的一次乘船旅行中，認識了一個意大利青年水手，「這個青年人，像畫中人一般漂亮，聰明，具有天真的伶俐和真純的嫻雅」。

他把青年當作朋友看待，與之親切交談，然而這個青年卻是他遇到的第一個文盲。茨威格試著設身處地為這種人著想，他感到煩惱，甚至痛苦⋯⋯

（茨威格）不明白在他這樣的人的腦中，與一切書寫的東西隔絕，世界的情形會是怎樣。

他聽到歌德、但丁、雪萊、貝多芬等神聖的名字，而這對於他毫無意義；他們都是無生命的字詞，一種空虛的沒有感情的聲音。（《書的禮讚》）

奇才

這位奇人除了書籍以外，對世上的任何其他東西都一無所知，人世間的一切現象對他來說，祇有把他們變成鉛字，然後組成書本，才實際存在，仿佛這樣才超脫了凡俗一般。（《舊書商門德爾》）

有的人，嗜書如命，沒有書，他就沒有了生活的寄託，愛書愛到不能自已，書本就是他的戀人，他的一切。

不得不說，舊書商門德爾，這位不修邊幅、其貌不揚、沉默寡言的人，是一位奇才。他為自己建構起的圖書世界，「是沒有戰爭、沒有誤解的，有的祇是永無止境的認識，力求更多地認識那些數字、詞彙、人名和書名」。

對他來說，「能把一本珍貴的書捧在手裡，就像有的人和女人幽會似的」。

第四篇

愛情

初戀的力量

一個男人如果是第一個在少女眼中點燃起愛火，那麼，他是再快樂不過了，但也是再危險不過了。（《一個陌生女人的來信》）

少女的心是細膩柔軟的，如涓涓細流，緩緩流淌，但當愛情來了，這顆心將會變得無比偉大、堅強熾熱，如一團烈火。為了心愛的人，她可以付出一切，「即使是躺在靈床的時候，你如果來叫我，我也會掙扎著起來赴約」，在生死面前，無所畏懼，因為她信奉的愛情理念是「世上萬物因為和你有關才存在，我生活中的一切祇有和你連在一起才有意義」。

初戀的女子會把那個男人當作自己的一切、整個的生命。這對男人來說，是多麼幸福的一件事，也是多麼沉重的責任啊！

少女的暗戀

明明是如此的深愛，卻要裝作若無其事；明明是如此的關心，卻要裝作毫不在乎；明明是如此的思念，卻要裝作形同陌路……暗戀是壓抑、痛苦的，可是當你在暗戀中體驗那份擔憂、那份說不清道不明的苦澀時，又何嘗不是

一種收穫呢？

　　暗戀的人是卑微的，尤其是涉世不深的少女，如果暗自喜歡上一個人，她會為了這份感情「低聲下氣，曲意逢迎，委身屈從」──

　　這和一個成年婦女欲火熾烈、不知不覺中貪求無饜的愛情完全不同，她們早已濫用了自己的感情，在和人親切交往中早已把感情消磨殆盡，她們經常聽人談論愛情，在小說裡常常讀到愛情。（《一個陌生女人的來信》）

　　可暗戀卻是無私的，它純潔偉大，暗戀的人可以做到捨身忘己，祇要看到心愛的人幸福快樂，也就知足了。

　　暗戀不是不能擁有，更不是不能相守，也許你此時沒有擁有，此時沒有相守，可是當你看著他在你眼中幸福的生活、成長，這何嘗不是另一種擁有、另一種相守呢？

真正地愛一個人

　　一個人若沒有真摯地愛過，那麼就沒有真正地活過。

　　真正地愛上一個人，會注意和他在一起的每一個細節，不管多麼瑣碎，不管時隔多久，「一想起我初次看到你、聽見你的那一天、那一刻，就好像是剛剛發生的事似的」。這樣的時刻會讓你刻骨銘心，你的生命，仿佛從那

一刻才真正開始。從此之後,你的生命中便多了一份牽掛、一份惦念,正如那位陌生女子說的那樣:

從此以後在我那狹隘的世界裡,你成了唯一使我感興趣的對象,我用那幼稚的忠誠,讓自己的生活圍繞著你。(《一個陌生女人的來信》)

擁有真愛

我要你一輩子想到我的時候,心裡沒有憂愁。

我希望你想起我來,總是懷著愛情,懷著感激。(《一個陌生女人的來信》)

愛情是美好的,擁有愛情者是幸運的,也是幸福的。

愛情,不是真金白銀,但是在這個物欲橫流的世界,擁有真愛,就好比擁有了無盡的財富;愛情,不是萬能良藥,但是在疾病纏身的人看來,擁有真愛,就好比有了名醫良方。

然而,真愛並不是每個人都能擁有的,不是上天不公,而是看你願不願意為愛付出,那些祗求回報、害怕付出的人是不會得到真愛的。當你遇到真愛,就勇敢地付出吧,不要患得患失。始終抱著這樣的信仰,能夠身體力行地履行這個信念,在戀愛的過程中,你會收穫很多。

情竇初開

在茨威格生活的社會中形成了這樣一種默契：

無論是在學校還是在家庭裡，以及在公共場合，都不談論這個令人不快的情結，把能引起或聯想到性欲的一切念頭都壓抑下去。（《昨日的世界——一個歐洲人的回憶》）

情竇初開時，草木未醒，冰雪未驚。進入青春期，那種自然的本能要求開始蘇醒，那個小小的秘密開始撩撥著每一個男孩女孩的心，但是，在那情竇初開之際，是完全忌諱在公開場合談論性問題的。

當時人們自負地以為，祇要把這種本能的欲望隱藏起來，而且隱藏得越深，「那種令人煩躁的衝動也就越能得到緩解」。

直面性問題

學校、教會的牧師、沙龍、司法機關、報刊、書籍、社會風氣，原則上都回避談到任何性問題。

如果我們今天翻閱一下當時的哲學、法學，甚至醫學方面的書籍，我們將會一致地發現：凡是涉及性問題的地方都小心翼翼地避開了。（《昨日的世界——一個歐洲人

的回憶》）

　　精神分析學家弗洛伊德，是第一個以科學的態度直面性這一問題的人。他告訴眾人：「誰想有意識地去壓抑自然的情欲衝動，情欲並不因此而消失，祇不過危險地進入潛意識罷了。」這在當時的學界，可是很了不得的突破。

　　那時候，整個社會都企圖通過不聞不問的方法來克制性欲，似乎毫不相識的人們之間也形成了某種默契，共同鑄成一道守口如瓶的封鎖線。

　　科學──它自身的任務本來應該是對一切問題進行毫無約束的探討，但當時也以研究性欲問題為恥辱，並在這個嚴肅的問題面前屈服了。

痴情的男人

　　上帝，為什麼你要如此折磨我，我究竟做了什麼事，會使你這樣表示你的盛怒？

　　我感到深哀大痛，不知如何活下去，不知如何承受這種劇烈而又永遠不能磨滅的痛苦。

　　我為這位女人活著，我從來也不曾停止過對她的愛戀，我願意為她犧牲世間的一切……我對她愛得如此熱烈，甘願為她赴湯蹈火、萬死不辭。（《命喪斷頭臺的法

國艷后》）

對於一個女人來說，最大的安慰就是生命中有一個深愛她的男人。

如是，哪怕在她遭受不幸，失去了一切，「她不得不孑然一身度過那最後的時光，連與任何一個人談話的安慰都得不到」時，一旦想到有個男人還在為她痛苦萬分，肝腸寸斷，百般糾結，她就算是死，心裡也是甜蜜的。

熾熱的愛

那樣的目光，像一時噴射出來的一團烈火，這是每個人在青春時期都會捕捉到的，不過大多數人壓根兒沒有覺察而已，有的人則很快就把這樣的目光忘了。人老了才會懂得，這恰恰是一個人能夠獲得的最珍貴、最深沉的東西──青春的最神聖的特權。（《夏天的故事》）

孩童時期，懵懵懂懂，不懂得愛，也分不清友情和愛情；而當你韶華已逝，因為看多了人生的分分合合，就會愛得含蓄而淡然；祇有青年時候的愛，來得最猛烈、最熾熱、最沛然。

多情的少女

年輕姑娘到這年齡，無論讀的是好詩還是歪詩，是感情純真的詩還是騙人的詩，她們都不在乎。對她們來說，詩祇不過是解渴之杯罷了。她們根本不注意酒的本身，酒還沒喝，她們的心就已經醉了。（《夏天的故事》）

每一個女孩子都有她的花季，它如雨後彩虹般絢爛。這是一個多愁善感的季節，更是一段難以忘懷的歲月。

愛可以超越一切

他與王后之間絕不祇是男女調情的關係，而是一種持久的愛情。他們愛得深沉，愛得熱烈，愛得大膽，生死不渝。

他們一再被迫分離，又一再越過千山萬水情不自禁地聚在一起。

災難的結局愈是迫近，他們兩個愛得愈深，靠的愈緊。

她希望從他的愛裡得到最後一點幸福，希望這種幸福能袪除無數令人沮喪的事所帶來的煩惱；他希望用自我犧牲的一片痴情來代替她那失去的王國。（《命喪斷頭臺的法國艷后》）

誰説不同階層的人就不能相愛？我相信真愛可以超越

一切。

Stefan
Zweig

第五篇

友情

志同道合

我突然間置身於這樣一個也有衣衫襤褸、足拖敝履的真正窮人的社交圈子，這是我在維也納從未接觸過的社會階層。我和那些酒徒、同性戀者、吸毒者同坐一桌。我會——十分自豪地——同一個相當出名的、被判過刑的大騙子握手。（《昨日的世界——一個歐洲人的回憶》）

對很多人來說，朋友是人生中不可或缺的一部分，能够結交幾個志同道合的朋友，實乃人生一大幸事。

茨威格在維也納的朋友，幾乎都出身資產階級，而且百分之九十出身於猶太資產階級。而在柏林，他的社交圈子則大大地擴展開了，他結識的各色人等中，「有的來自上層，有的來自下層；這一位是普魯士的貴族，那一位是漢堡船主的公子，第三位則是出身於威斯特法倫的農民家庭」。

在這裡，他看到了大千世界的豐富多彩和社會階層的包羅萬象，從早到晚接觸了一批又一批的新朋友，「志同道合的熱情將會結出累累碩果」，「我在柏林短促的一學期——完全自由的第一學期——中所進行的社交活動要勝過以往的十年」。

一個淡泊名利的朋友

維爾哈倫是茨威格的一位摯友。

他到布魯塞爾來旅行，就是為了見維爾哈倫，和他相處的短短三個小時，「我」已深深地愛上了這個人，並且這種喜愛一直持續了一生。

在他的稟性中有一種從不沾沾自喜的穩健。他不為金錢所左右，寧願在鄉下生活，不願為生計寫一行字。他對功名成就十分淡薄，從不用遷就、奉迎，或者通過熟人關係來追逐名利，自己的朋友和他們的忠實友情已使他心滿意足。（《昨日的世界——一個歐洲人的回憶》）

我們從呱呱墜地到長大成人，身上的負擔越來越重，那是因為我們太在乎，在乎名利得失，在乎勳章榮譽。倘若當那對翅膀越來越沉重，一直到不堪重負並重重折斷時，才醒悟一切功名祿皆如過眼雲煙，未免太遲。

幕後英雄

我在他這個天生的「同道」身上看到了一個活生生的自我犧牲者的卓絕典型。他是真正的獻身者。他認為自己畢生的唯一任務是：幫助他那個時代的最重要的、有價值的作品發揮作用，而他自己卻從來不必作為那些重要作品

的發現者和推廣者，從而享受應得的榮耀。（《昨日的世界——一個歐洲人的回憶》）

當一部外國作品獲得成功之後，大家往往將鮮花和掌聲統統獻給了它的作者，而忽略了譯者在背後的默默奉獻。

茨威格有一位朋友叫萊昂·巴扎爾熱特，他的名字早已被法國新文學的著作遺忘了。「可是他在那一代詩人中卻占有特別重要的地位，因為是他把自己充沛的精力毫無保留地傾注在翻譯外國作品上」。

茨威格與萊昂·巴扎爾熱特兩人最大的共同點就是：「喜愛外國作品，願意為介紹外國作品獻身而不謀求任何實惠的好處。」在翻譯事業上共同的愛好，把他們緊緊地連在了一起。

幸福時刻

他鄉遇故知，乃人生四大幸事之一。有時候，即使見不到昔日老友，哪怕收到他的來信、聽到他的消息，也是很幸福的一件事。

當一戰中對立雙方的士兵、人民被一種狂熱的感情深深揪住、失去理性、發誓要劃清界限的時候，茨威格再也

不能等閒視之了，「我寫了一篇文章，題名為《致外國朋友們》，在文章裡，我和另一些人的仇恨宣傳截然不同。公開表示，為了一有機會就與所有在外國的朋友們一起為重建歐洲文化而工作，即使現在還不可能取得聯係，我也將保持著對他們的忠誠」。

兩周之後，茨威格收到了羅曼·羅蘭的來信：「不，我永遠不離開我的朋友們。」

看到那封信，是我一生中鉅大的幸福時刻之一：它像一隻白鴿從住滿了瘋狂的獸群的諾亞方舟飛來。我不再感到孤獨，而終於又和思想相同的人聯係在一起。（《昨日的世界——一個歐洲人的回憶》）

真正的朋友

那位在王后快活如意、吉星高照的日子裡小心謹慎、不求聞達的人，當她大難臨頭，當她那些所謂的朋友全都遠走高飛時，卻挺身而出。他願意為她獻出生命，準備同她共赴黃泉。他才是王后唯一的真正朋友。（《命喪斷頭臺的法國艷后》）

「君子之交淡如水，小人之交甘若醴。」真正的朋友，無關酒肉，無關利益，他會在你成功的時候，和你分

享勝利和喜悅，更會在你失敗的時候，和你分擔痛苦和眼淚。

任何時候，都請記住，真正的友誼不是花言巧語，而是關鍵時刻拉你的那隻手。

互相幫助

一個人的力量很難應付生活中無邊的苦難。所以，自己需要別人幫助，自己也要幫助別人。一個能使別人快樂的人可說達到了生活的目的。

一個人不論在什麼情況下都應該像天使般地幫助別人。

真正的關心是不可能像電路開關一樣隨意插上拔下的：凡是關心別人命運的人，一定要失掉一些自己的自由。

如果別人的生活因為自己的努力而有所改善，就是吃點苦也是值得的。一個人如果知道給別人帶來了快樂，他會感到周身輕鬆。（《愛與同情》）

這個世界錯綜複雜，每個人都不會像孤島一樣的存在，都與他人有著千絲萬縷的聯係，因此，人與人之間的相互幫助變得非常必要。

不要患得患失，大膽地張開你的雙手給需要的人送去溫暖吧。在你幫助他人的過程中，自己必定會收獲很多。祇有分享快樂，才會更加快樂！一盞燈不能照亮整個世界，千千萬萬盞燈就能給眾人帶來光明。

驚人的記憶力

雅可布‧門德爾從未忘記過任何一本書的名稱、任何一個數字，他知道圖書世界中的每一株植物、每一條小毛蟲，對這個世界的動盪不停、永恒變幻的茫茫太空裡的每一顆星辰都瞭如指掌。對每一種專業，他都比專家們知道得多；對圖書館，他比圖書管理員更精通；他洞悉大部分商行存書狀況，遠勝過這些商行的老板，無需查閱什麼清單呀、口錄卡呀，而是僅憑自己的才能，和無與倫比的記憶力。（昨日的世界——一個歐洲人的回憶》）

茨威格從他的一個朋友身上，看到了非凡的記憶能力。任何學習都離不開記憶力，超凡的記憶是成就一門學問的關鍵。

把友情珍藏在心底

祇有那個時代的維也納人才會懂得，他的這種提攜意味著一個人將從此平步青雲。（《昨日的世界——一個歐洲人的回憶》）

曾經的朋友，後來因為志向不同，不得不分道揚鑣，那種痛苦，凡經歷過的人，相信都刻骨銘心。

第一次會面，就得到特奧多爾・赫爾茨爾的賞識，對茨威格來說，無疑是一件幸運的事。

特奧多爾・赫爾茨爾提出了猶太復國思想，在當時遇到了很大的阻力，他自己黨內的人士提出了種種批判的理由，「他在東方的同志責備他根本不懂猶太精神，甚至連猶太人的風尚習俗都一竅不通。那些國民經濟學家說他祇不過是一個副刊編輯。每個人都有自己反對他的理由，而且采用的方式也都是不十分禮貌的」。

茨威格一開始因為私人緣故接近這個運動，但「那個小圈子裡的爭論不休、敵對好鬥的精神以及缺乏真誠、正常的組織關係使我疏遠了他的猶太復國運動」。

對於和奧爾多・赫爾茨爾之間的這段珍貴友誼，茨威格永遠珍藏心底。

第六篇

過去的生活

認識自我

如果您祇瞭解英吉利島嶼，那您就不會懂得英國。同樣，如果您從未走出過歐洲大陸，那麼您也就不會懂得我們這塊歐洲大陸。（《昨日的世界——一個歐洲人的回憶》）

知人者智，自知者明。然而認識自我並非易事，很多時候需要跳出自我的範疇，變換角度，換個思維方式。

這個道理不僅用於認識事物，同樣適用於認識自我。

發現自我

誰一旦發現了自己，他在這個世界上就什麼也不會失去了。誰一旦從自己身上瞭解了人，他也就瞭解了所有的人。（《奇妙之夜》）

在這個紛繁複雜、多彩斑斕的世界裡，太多的人失去了航向，迷失了自我，不知道自己想要的究竟是什麼，總是患得患失，找不到快樂。

發現自我，認識自我，是快樂的前提。有了強大的精神內核作支撐，快樂自然會來到，自己快樂，進而「使人快樂，在使人快樂中也使自己高興，這是多麼輕而易舉的事情」。快樂的秘訣很簡單，從發現自我開始吧！

我的生活

　　每當提到「我的生活」這個話題時，茨威格都會反問：「我的哪一種生活？」

　　他短暫的一生經歷了太多樣式的生活，與他的父輩們完全不同。他的父親，甚至他的祖父，見到過什麼？

　　他們每個人都是以單一的方式度過自己的一生，自始至終過的是一種生活，沒有平步青雲，沒有式微衰落，沒有動盪，沒有危險，是一種祇有小小的焦慮和令人察覺不到的漸漸轉變的生活，一種用同樣的節奏度過的生活，安逸而又平靜，是時間的波浪把他們從搖籃送到墳墓。（《昨日的世界——一個歐洲人的回憶》）

　　而茨威格飽受了一切能想象得到的苦難，革命、暴亂、戰爭、饑饉、經濟崩潰，他都從頭到尾一一飽嚐。

童年印象

　　在那個時候，任何匆忙和慌張不僅被看作是不文雅的，而且事實上也大可不必。（《昨日的世界——一個歐洲人的回憶》）

　　在茨威格童年的記憶中，他出生和長大成人的那個世紀並不是一個充滿激情的世紀。它是一個階層分明、按

部就班、秩序井然的世界，一個從容不迫的世界」。

那是一個風平浪靜的時代，「人們生活得相當悠閒安逸」，「我的父母和祖父母那一代人有幸遇到了這樣的時代，他們平靜、順利和清白地度過了自己的一生。」

克勤克儉的生活

量入為出，而不是寅吃卯糧。

他始終不渝地堅持自己這種克制的作風，堅持過一種既舒適又不惹人注意的生活。（《昨日的世界——一個歐洲人的回憶》）

茨威格的父親始終遵循保守的生財之道，過著克勤克儉的生活，他在三十歲時辦了一家小織布作坊，並經過多年的經營，擴大為一家規模相當大的企業，「因而在他（父親）五十歲時，縱然用國際標準來衡量，也可以稱得上是一位鉅富了」。

然而，他們家的生活開銷依然是非常節儉的，「我們祇是逐漸替自己添置一些方便生活的小設備。我們從一幢較小的住宅遷居到一幢較大的寓所。我們祇是在春天的時候，到了下午才租一輛出租馬車。我們外出旅行時坐的是二等車廂。」

強大的內心

　　雖然他比自己的大多數同行體面得多、有教養得多——他鋼琴彈得非常出色，書法清麗，會說法語和英語——但他卻堅決拒絕任何的榮譽和榮譽職位。在他一生中從未追求或者接受過任何頭銜和身份，而像他這樣的大工業家完全可以經常被授予那些頭銜的。他從未向人要求過什麼，也未向人說過一聲「請求您」或者「必須道謝」這一類話，這種藏於內心的自豪感對他來說，顯得比任何外表都重要。（《昨日的世界——一個歐洲人的回憶》）

　　有的人，外表強大，內心卻十分脆弱，不堪一擊；有的人，外表絲毫不引人注意，卻有一種強大的內在力量，生活中能夠做到寵辱不驚。

　　茨威格的父親，無疑屬於後者。

內在的自豪

　　大概在每個人的一生中都必然會出現一個和自己父親的性格相同的時期。

　　我父親不願拋頭露面而願意靜悄悄地獨自生活的那種個性，現在開始在我身上變得一年比一年明顯，儘管它和我的職業原是十分矛盾的。

既然這是父親遺傳給我的性格，是他留在我身上的一種內在自豪，我也就無法違抗；因為我之所以今天在內心還感到自由——我覺得這也許是我今天唯一可靠的財產——應該歸功於這種性格。（《昨日的世界——一個歐洲人的回憶》）

這種內在的自豪，使茨威格拒絕了一切形式上的榮譽，他「從未接受過一枚勳章、一個頭銜，或者擔任過某個協會的會長」。

生活百味

我曾被人大肆讚美過，也曾被人無端排斥過；我曾自由過，也曾不自由過；我曾富有過，也曾貧窮過。（《昨日的世界——一個歐洲人的回憶》）

大山，因為有巔峰，也有低谷，所以壯美；大海，時而平靜，時而咆哮，所以內蘊無窮；生活，因為多樣，所以值得回味。

茨威格的一生是豐富的，品嚐了生活百味，歷練了不朽英魂。

母愛的偉大

我想也不忍心去想，讓你的兒子，我們可愛的孩子，在救濟院裡長大，流浪街頭，呼吸貧民窟的污濁空氣。他那優雅的嘴唇不應該讓他去說粗話，他那細白的皮膚不應該受破爛衣服的摩擦。你的兒子應該有最好的一切，一切豪華和歡樂。他應該跟隨你的步伐，生活在你所生活的氣氛裡。這就是我出賣自己的原因。（《命喪斷頭臺的法國艷后》）

母愛，是世間最偉大、最無私的愛！兒女總有讓母親操不完的心。

母親的關懷總是無微不至的，大到人生前途小到生活細節。母親為了孩子可以付出一切，哪怕是生命、尊嚴。

這樣的女人，難道你會鄙視她、唾棄她嗎？

Stefan
Zweig

第七篇

美德

誠信

我說的話就是我的最高法律，為了履行自己的諾言，我甘願承擔任何風險。（《枳橘》）

古人曰：「言必行，行必信，信必果。」簡單的話蘊含著深刻的道理。

誠信是任何一個時代都提倡的做人準則。古今中外，凡有成就者，首先必須是一個誠信的人。君子一言，駟馬難追，唯有如此，才能在天地之間站得威武有尊嚴。

寬容之心

我們的世界之大，容得下許多真理；若是人們心懷友善，便能夠和諧同住。

讓我們相互寬容罷，讓我們不譴責他人的信仰罷。（《異端的權利》）

海納百川，有容乃大，真理從來都不是唯一的。

如果人們不能以一顆寬容之心對待他人的不同觀點，那麼這個世界就不會響起一串和諧的音符；倘若把與自己不同的信仰、觀點視為異端，那麼「在與我們觀點不同的人眼裡，我們大家全是異端」。

異端祇是一個相對的概念。

惜時如金

他從來都是把自己一天中的每一分鐘事先都安排了。但他任何時候都能毫不費勁地從這一件事轉到另一件事，因為他的大腦隨時都有應變的能力，就像一具精密而又迅速的儀器。（《昨日的世界——一個歐洲人的回憶》）

看一個人的素質有多高，關鍵看他對時間的利用率有多高。

茨威格的一個朋友瓦爾特·拉特瑙是一位異常忙碌的人，但他總能在繁忙中騰出時間。他這種高效的工作質量，源於他一絲不苟、井井有條的做事方法，也祇有這樣，才能最大限度地利用時間。

低調做人

從少年時代起，在我心中最強烈的本能願望是：永遠保持自由和獨立。

任何一個酷愛個人自由的人，一旦到處刊登照片，他身上許多美好的東西就會遭到破壞和歪曲。

所以越是要我去大學講課，去出席各種慶典，我就越深居簡出。我不該用拋頭露面來宣揚自己的名聲。我從未能夠克服那種幾乎是病態的畏縮。直到今天，我還有這

種完全出於本能的習慣：在大廳裡、在音樂會上、在觀劇時坐在最不顯眼的最後一排；沒有比在臺上或者在一個拋頭露面的位置讓大家盯著我的臉看，更使我難以忍受的了。對我來說，以各種形式隱姓匿名是一種本能的需要。（《昨日的世界——一個歐洲人的回憶》）

低調也是一種美德。

當各種榮譽、邀請、信件隨著他的成名鋪天蓋地而來時，茨威格卻懶於處理它們，因為這與他的稟性是完全不符的。

高調做事，低調做人，是一種美好的生活態度。

堅定的信念

他的生命力簡直是個奇跡：他的肺壞了，可是他依然活著，這原是違背醫學規律的。是那種不同尋常的生活意志、堅強的責任感使他繼續活下去；他每天早晨用清清楚楚的手寫體著述他的長篇小說，回答他的祖國的青年作家和工人們向他提出的千百個問題。（《昨日的世界——一個歐洲人的回憶》）

在馬克西姆・高爾基的身上，茨威格看到了信念的力量。他「不愧為世界文學中一位最具天才的敘述家。敘述

對他來說不僅僅是一種藝術表現形式，而且也是他全部天性本能的表現。他在敘述時，把自己置身於被敘述的事物之中，把自己變成為被敘述的對象」。

他們兩人語言不通，但通過他的表情，茨威格就能明白他的意思。儘管他身患重病，但「聽他講話真是一件難以形容的快事」。

重視過程

每當世人談起豐功偉績，為了言簡意賅，總喜歡談英雄一生中引人入勝、激動人心的時刻，例如橫渡盧比孔河的愷撒、阿柯勒橋上的拿破崙。但是在英雄業績載入史冊之前，那些並非不重要的創業年代，精神上曠日持久、一步步的建樹卻泯沒不聞。（《麥哲倫的功績》）

「不積跬步，無以至千里；不積小流，無以成江海。」（《荀子‧勸學篇》）

偉大功績的背後，都有默默無聞的付出，結果固然顯赫，但過程必不可少。沒有點點滴滴的積累，就沒有最後的碩果累累。

節儉永不過時

如果你愛自己，愛你的家人，那麼就把愛落實在行動上──從現在開始，好好管理你的財富，不祇為今天，更是為了明天，過一種自由而有遠見的生活！節儉能幫你做到這一切！（《巴爾扎克傳》）

每個人都想擁有財富，然而，財富並非唾手可得，真正的財富是靠勤勞工作、堅持不懈、善於計劃、克己自律的生活得來的。

如果像這樣：「他把他積蓄的工錢花在一頭牛的身上，然後把牛換了一隻羊，羊又換了一隻鵝，最後鵝換了一塊磨石，磨石滾到了水裡，他什麼也沒有剩下。」那麼，財富永遠不屬於你。

一向以理財著稱的猶太人，非常看重的就是點滴累積的「恒財」，如果像有些人那樣，「無論他的勒緊的右手如何積蓄，他的揮霍的左手卻毫不在意地浪費了」，那麼，你的手中永遠也不可能有恒財。

財富如流水，如果我們希望保有財富，就要建一座蓄水池。有收入的時候，錢就流進；如果花掉了，錢就流出。無論流入流出，留在池子裡的才是可供你支配的。

學會節儉吧，節儉不僅是一種生活態度，更是一種道德素養，一種人生境界。

牢記使命

要做醫生，恰好要做身患不治之症者的醫生，甚至更進一步。一個醫生如果一開頭就接受了「無法治愈」這個概念，他就拋棄了自己的使命，臨戰之前已經繳械投降。（《愛與同情》）

軍人的使命是服從命令，教師的使命是為人師表，醫生的使命自然是救死扶傷。

然而，上世紀「最聰明」的人尼采曾經寫下了這句可怕的話：「最好不要做身患不治之症者的醫生。」這恐怕是尼采說過的最錯誤的一句話了，實際上應該反其道而用之才對。

還沒有開始治療，就先放棄，對於一個醫生來說，他是失敗的。祇有盡到自己的職責，「把自己和別人的命運結合起來，通過同情去理解並且經受別人的痛苦」，内心才能踏實、安穩。

使命，是眾人賦予的，它不僅是一種責任，更是一種信任。

拼搏之美

從命運那裡去接受所要求的一切，也並不因此而向它

要求更多的東西時，正是這，逐漸孕育出了某種疲沓，孕育出了生命本身中的暮氣。（《奇妙之夜》）

大海之美，在於遼闊，在於它的兼容並蓄；生命之美，在於拼搏，在不斷追求完美的過程中，讓生命的張力儘顯。

如果一個人失去了進取的熱情，他的生命美感也喪失得差不多了。沒有拼搏，哪來的成功？正值青春年少的我們，更應該發揚敢打敢拼、勇往直前的精神。

何謂英雄

我的創作思想的一個明顯的個性特徵，即從來不願意去為那些所謂的「英雄人物」歌功頌德，而始終祇著眼於失敗者們的悲劇。

我劇中的主人公是歷經苦難的人，而不是以自己的力量和堅定的目標給別人帶來痛苦的人。（《昨日的世界——一個歐洲人的回憶》）

「春蠶死去了，但留下了華貴絲綢；蝴蝶死去了，但留下了漂亮的衣裳；畫眉飛去了，但留下了美妙的歌聲。」（冰心語）

人們通常習慣於為那些獲得成功的人歌功頌德，但在

現實生活中是否取得成功，並不是衡量英雄的標準，更重要的是看他是否保持著崇高的道德精神。

Stefan
Zweig

第八篇

藝術

没有作品的藝術

象棋，是古老的，又永遠是清新的，布局是機械的，卻又為想象力所左右，限死在固定的幾何空間之內，而組合方式又是無限的，永遠在發展而卻沒有結果；它是無所推導的思維，無所運算的數學，是沒有作品的藝術，沒有物質的建築。然而事實證明，它卻比任何作品和建築都存在得更長久。祇有這種遊戲是雅俗共賞、古今同一的。（《象棋的故事》）

琴棋書畫，自古以來，是文人雅士生活的必需品，下棋又是其中最富玄機的一種藝術。

棋如人生，的確如此，下棋是一種沒有作品的藝術。

象棋的奧妙

下棋所以吸引人，最根本的就在於，設謀用計是在兩個不同的腦子裡分別進行的；在這場勾心鬥角中，黑方不知道白方走某一步棋的用意，總是千方百計去猜測，去干擾，反過來，白方也是儘力去超越對手，去招架黑方的隱秘用心。（《象棋的故事》）

對下棋的人來說，棋盤就是戰場，來回移動的棋子，好比是他們的大刀長矛，來回廝殺，玄機儘在彈指間。

對藝術的重視

藝術家總是在他備受尊重的地方感到舒暢並最受鼓舞。藝術總是在它成為一件全民族生活大事的地方達到它的頂峰。(《昨日的世界——一個歐洲人的回憶》)

一個人總是在他感到舒暢的環境中才能夠發揮出最佳水平。

一個有文化的民族，必定是一個重視藝術的民族。一個重視藝術的城市，也一定是一座最有韻味的城市。維也納就是如此。

維也納有著對藝術極其重視的傳統，這種對藝術的重視推動了文化的進步。更可貴的是，他們對每一種藝術都抱著十分崇敬的態度。因此，「經過幾個世紀的藝術薰陶，我們有了一種無與倫比的鑒賞力，而且，正是由於這種鑒賞力，反過來又使我們最終在一切文化領域內達到超群的水平」。

藝術容不得瑕疵

每一個歌唱家、每一個演員、每一個音樂家，都必須始終竭盡全力，不然就會被淘汰。能在維也納成為明星是非常了不起的，但要始終保持明星的地位卻不容易；任何

鬆懈都不能原諒。在維也納的每一位藝術家都清楚這種從不間斷、毫不留情的監督，從而迫使自己鍥而不捨。

如果住在維也納的人沒有那樣一種對文化的熱愛，沒有那樣一種對安逸舒適生活的享受意識和審美意識，那麼他就不是真正的維也納人。（《昨日的世界——一個歐洲人的回憶》）

對於維也納人來說，政治、行政管理、社會風氣等方面出現一點差錯，稍微「馬虎」一下，是可以包涵的，但他們對藝術方面出現的差錯是絕對不能容忍的。

在維也納出生的每一個人，從他的青年時代起就已習慣於用嚴格、苛刻的標準要求藝術家的每一次演出。對維也納人來說，藝術是高尚的，是一種高級的精神享受，絕對容不得半點瑕疵。

新藝術的突擊隊

尼采使哲學發生了革命性的變化；一種更大膽、更自由的建築藝術摒棄了裝飾繁縟的古典主義風格，提倡毫無裝飾的實用建築。舒舒服服的舊秩序突然之間遭到了破壞。

我們覺得，一個為我們而開創、青年人最終將在其

中獲得自己權利的時代──我們自己的時代已經開始了。

（《昨日的世界──一個歐洲人的回憶》）

茨威格和與他同時代的年輕人，憑借青年人的熱情，到處當開路先鋒，熱情擁抱每一種新的藝術，是每一種新藝術的突擊隊。

驀然回首，茨威格發現之前他們的「那種不安地四處尋找和摸索的狂熱，一下子獲得了意義」。

為了心中那片神聖的土地──藝術，青年人願意用他們的青春、熱血、時間等一切珍貴的東西去交換，去保護。任何一種新的藝術形式，都不知道未來的路怎麼樣，是順利還是坎坷，但青年人願意去冒險、去當開路先鋒。

功利扼殺藝術

功利和藝術是水火不容的。真正的藝術不摻雜任何功利目的，抱著功利目的是成就不了真正的藝術的。

霍夫曼斯塔爾，這位天才式的人物，在他的青少年時代──具體說是在他十六至二十四歲這段時間，創造了無與倫比的奇跡，但是──

隨著他日益束縛於現實戲劇和時代趣味，隨著他的創作具有明顯的意圖和功利目的，那些充滿稚氣的早年詩

歌創作中的純粹的靈感消失了，夢遊者似的那種描繪消失了。（《昨日的世界——一個歐洲人的回憶》）

一顆新星就這樣隕落了。

在藝術的天空，任何世俗功利都會導致藝術感的降低甚至滅失。

不迎合潮流的藝術

天地間，最優美的文字，莫過於詩歌；最美的詩歌，莫過於那一行行柔美、動人又高雅的抒情詩。

當一個韻腳和另一個韻腳搭配得非常妥帖時，便會產生一種無法形容的動感，這種動感雖然比一片樹葉在風中落下來的聲音還要輕，但它卻能以自己的回響觸及最遙遠的心靈。

寧靜的環境孕育美好的心靈，美好的心靈吐露優美的詩句。當戰爭來臨，當它粗暴地打破了昔日安寧的生活，茨威格不禁憂心忡忡——

在我們今天這個動盪不堪和普遍驚慌失措的時代，難道還有可能再次出現當時那樣一些專心致志於抒情詩創作的單純詩人嗎？我今天懷著愛戴的心情不勝惋惜的那一代詩人，難道不是再也無處尋覓了嗎？（《昨日的世界——

一個歐洲人的回憶》）

這群一絲不苟的語言的守護者，把他們全部的愛都獻給了詩歌，也許它們在當時沒有迎合潮流，但卻具有不朽的生命力，「我」深深地敬畏他們！

音樂是心靈的養料

有人說離開了音樂，生命就有了缺憾。人生不能沒有音樂，心靈需要音樂的滋養。

兩次世界大戰之間，有幾年是風平浪靜的，在那幾年裡有很多事是值得回味的。在這裡，茨威格將提到他家鄉的一個小鎮——薩爾茨堡，這個擁有四萬人口的偏僻一隅，發生了驚人的變化，「到了夏季，它不僅成了歐洲藝術家的大都會，而且也成了全世界藝術家的大都會」。

最優秀的指揮家、歌唱家、演員都懷著好勝心湧來，以便能有機會不僅在自己有限的國內觀眾面前、而且也在國際觀眾面前愉快地獻藝。薩爾茨堡的各種藝術節一下子吸引了世界各處的人，仿佛成了新時代的藝術表演的奧林匹克，各個國家都競相到這裡來展現他們最優秀的藝術成就；沒有誰願意錯過觀看這些精彩的演出。

在音樂家中，茨威格結識了阿爾圖羅·托斯卡尼尼，

有好幾年時間，「我是他排練時的最忠實的座上客，我曾不止一次地親眼目覩他為達到藝術上完美無缺的境地竭盡全力」，「他的那些排練對每一位藝術家來說都是最好的榜樣」，茨威格深深地理解了莎士比亞所說的「音樂是心靈的養料」的深刻含義——

　　當我目覩各種藝術比賽時，我真慶幸有和它們結下不解之緣的好運。（《昨日的世界——一個歐洲人的回憶》）

擁有熱愛藝術的權利

　　在維也納，猶太人對公共生活的影響是極其微小的，他們在這裡居住，真心地熱愛這座城市，然而，「領導國家的高位都是世襲的，外交界是屬於貴族的，軍隊和高級官吏的職務均為名門世家所把持」，猶太人幾乎不涉足這些領域，他們「也從未有過想鑽進這種特權階層的奢望」。但是——

　　在維也納，唯有對藝術，所有的人才感到有同樣的權利，因為對維也納藝術的愛護被視為是一種共同的義務，而猶太族資產階級通過自己的幫助和促進，對維也納文化所作的貢獻，則是不可估量的。他們是真正的觀眾、聽眾

和讀者。他們光顧劇院和音樂會，購買圖書和繪畫，參觀各種展覽。他們受傳統束縛較少，思路靈活，成了各種場合一切新事物的促進者和先驅戰士。

如果沒有猶太資產階級這種堅持不懈、激勵一切的興趣，而僅僅依靠朝廷、貴族和那些寧願賽馬與打獵但不願促進藝術的信奉基督教的百萬富翁們的冷漠態度，那麼維也納在藝術方面也就會落後於柏林，就像奧地利在政治方面落後於德國一樣。

被世界人民稱頌為十九世紀維也納文化的十分之九，是由維也納的猶太人促成、哺育甚至是由他們自己創造的文化。（《昨日的世界——一個歐洲人的回憶》）

在藝術的領域裡，民族之間、國家之間，是擁有同等權利的。因為藝術超越了功利的目的，它祇能靠一顆心去領悟、去感受，任何強加的東西，都經不起時間的考驗。

造物之謎

在世界上無數的不解之謎中，造物的秘密乃是最深奧和最玄妙的。大自然不讓人摸透造物的秘密：地球是怎樣產生的，一朵小花是怎樣產生的，一首詩和一個人是怎樣產生的，大自然從來不讓人掌握其中最關鍵的奧秘。大自

然毫不留情地、絕不遲就地在這裡給自己蒙上一層面紗。就連詩人自己、音樂家本人事後也無法說清他靈感產生的那一瞬間。當一件作品突然變得非常成功時，那麼，就連那位藝術家本人也不再記得作品的起源和它的形成過程。他永遠或者幾乎永遠也說不清楚，在他精神非常集中時，詞句是怎樣變成詩行的，個別的單音是怎樣變成千古流傳的旋律的。（《昨日的世界——一個歐洲人的回憶》）

正是因為這種神秘，茨威格就愈發想探個究竟，唯一能說明藝術家創作過程的，就是他們的手跡，「尤其是那些塗塗改改、不準備拿去付印的未定初稿」。

收藏各個時代大師們的手跡，是茨威格的愛好，這個愛好在他十五歲時就開始了，並且一直伴隨著他到年老。

熱愛人類

祇有使人們團結的藝術才有價值，祇有為自己的信仰能夠做出犧牲的藝術家才能得到承認；不是熱愛藝術，而是熱愛人類，才是一切志趣的前提！可以預料，祇有熱愛人類的人，才能創造出有價值的東西。（《羅曼・羅蘭傳》）

雖然生命的長度是有限的，但它的廣度可以無限。敞

開胸懷，整個人類都可以放在心中。熱愛人類才能熱愛藝術。

羅曼・羅蘭認為，作為一個藝術家，要有一顆為人類服務的心，要時刻謹記「為祖國服務，用自己的良心為全人類服務，進行鬥爭，克服種種困難」。

Stefan
Zweig

第九篇

做人的智慧

忠貞與激情

在忠貞與激情面前，一個女人的選擇，關係到她一生的幸福安寧。

如果她為了一時的激情，拋棄了廉恥和忠貞，即使她的所作所為不為人所知，她的一生也難逃良心的譴責；正因不為人知，所以會生活得有壓力，在隱藏秘密和想要解脫之間掙扎，越到年老，這種矛盾心理會越強。

我們不妨聽聽一個垂暮之年的女人在歷經滄桑之後的心聲：

我的許多親戚對我溫存關切，像是對待一個病人，可是，他們的柔情蜜意祇能令我傷心，他們對我愛敬有加，我祇感到滿心羞慚，我必須時時刻刻處處留神，提防自己突然失聲慘叫。為了一時瘋狂而荒唐的激情，我背叛過他們，忘懷過他們，還曾經企圖完全拋棄他們，我多麼愧對他們啊。（《一個女人一生中的二十四小時》）

做個貞潔的女人

創世主不管怎樣管束男人們的官能，但是他們的欲望總還是要求從女人的官能中得到他們的一切滿足。倘若一個女人輕率地把自己的肉體委身給他們，他們祇知道報以

薄弱的酬謝，並且裝得他們完全沒有過錯，問心無愧。

要是一個女人竭力保持了自己的貞潔，那麼她對於男人們真是有著七倍的誘惑力。（《一對酷似而又迥異的攣生姐妹》）

這個世界越來越開放，連「上帝也瘋狂」，男人女人之間的關係也變得越來越自由，但是開放並不意味著道德水準的降低，任何社會，任何時代，貞潔自重都是女人的美德。

做個貞潔的女人，明智的女人都明白這句話的真諦，並把它當作自己的座右銘。

慧眼識人

人老了，閱世深，祇要把一個人看上一眼，就能洞察他的肺腑。（《愛與同情》）

具有敏銳的觀察力，能夠很快識別一個人，也是一種智慧的表現。

有人說：「童年是一張白紙，青年是一首詩歌，中年是一篇散文，老年是一部百科全書。」每個人都會經歷這樣的階段，每個人生階段都有它的特質，告別了青春的朝氣，中年的沉穩，迎來了老年的睿智。

老年的睿智表現在多個方面，最基本的一條就是「很少完全看錯人」。

善待你的敵人

誰都知道狼會吃羊，但是誰也都知道，羊離不開狼。離開了狼，羊群會失去活力，不再驍勇，變得萎靡不振，屛弱多病。

有時候，敵人會成為我們前進的動力，會激發出我們身上的潛力，擁有敵人是一件幸運的事。

他知道，他獨自一人是冷冰冰的，自己對於自己是毫無用處的，猶如火柴盒裡的一根火柴。因此，他需要別人，需要火柴盒上的摩擦面，好把他的全部才幹、他心中的熱以及放縱的感情，像火柴似的劃著，燃燒。（《灼人的秘密》）

我們知道「我們的世界大得足以容納許多真理」：

祇有當我們大家都抑制住自己的不寬容時，才能和平相處。（《異端的權利》）

尤其是對待和自己意見相左的人，更要抱著一顆寬容和平的心，去瞭解他的思想。

善待我們身邊的敵人，雖然他們是我們的對手，對我

們構成了表面上的威脅，但也正是這些人的存在，使我們多了一份警戒，多了一份競爭力，也因此多了一份活力。

三思而後行

一個成年人在干預某件事情之前，必須三思，看看自己到底決定走多遠。

要是在伙伴們面前丟過醜，就永遠成為可笑人物，他們不會忘記，也不會原諒。（《愛與同情》）

「三思而後行」並不是膽小怕事、瞻前顧後、缺乏決斷力，而是成熟、負責的表現。「千里之堤，毀於蟻穴」的教訓，大家都懂，很多偉大的業績遭到失敗，就是因為考慮某件事時想得不夠周全，以至於忽視了某個小細節，最終導致「一著不慎，滿盤皆輸」。

再忙也要留出思考的時間

永世的財富能把人慣壞，經常的揄揚能使人遲鈍。唯有休止能使空的節拍產生新的緊張和創造的彈性。（《一個政治家的肖像》）

日本有這樣一個故事：一個弟子向師傅求教，問，以

他本身的資質多久能成為一流的劍客？師傅說十年。弟子又問，如果他加倍努力，那麼多久能成為一流的劍客？師傅笑了笑。弟子再問，如果他再付出多一倍的努力呢？師傅的回答祇有四個字：死路一條。

最終師傅道出了成為一流劍客的真諦：「要想成為一流的劍客，就必須留一隻眼睛給自己。一個劍客如果祇注視劍道，不知道反觀自我、不斷反省，那他就永遠成為不了一流的劍客。」

思考是前行的火把，再忙也要留出思考的時間。

做明智的選擇

在每一個凡人的心坎裡，都會在這種善與惡、靈與肉兩條截然不同的道路上私下裡來往徘徊。（《一對酷似而又迥異的孿生姐妹》）

每個人都擁有精神、肉體、善良、邪惡幾個方面的特性。雨果《巴黎聖母院》中善與惡的交鋒、靈與肉的搏鬥，使人們看清了這個世界就是善與惡、美與醜的角逐場，不是這一方壓倒那一方，就是那一方壓倒這一方。

關鍵時刻需要我們做出選擇，正如存在主義所說的「存在先於本質」一樣，你的選擇、你的行動，決定你的

本質。在人生的十字路口，你是選擇善還是惡，選擇靈還是肉，全在一念之間。

明智的選擇，將成就你的美名和偉大；錯誤的選擇，也可以讓你身敗名裂。

痛苦的意義

羅蘭認識到還有另一種偉大，比他經常歌頌的豐功偉績的偉大更深刻，這就是痛苦的偉大。作為一個受難者，他歡迎世界上所有的受難者，他現在不想去獲得共同的鼓舞，而想在這個世界的所有孤獨者中建立起友誼，向他們說明痛苦的意義和偉大。（《羅曼‧羅蘭傳》）

生活中，不如意事十之八九，人人都會遭受痛苦、不幸，為何有的人遭受不幸之後就一蹶不振，而有的人則會變得更聰明、更堅強？人生的痛苦到底有沒有價值？

茨威格在評價羅曼‧羅蘭時曾這樣說過：「一個人的形象越偉大，他的痛苦就越多。反過來說，一個人的痛苦越多，他的形象就越偉大。」

痛苦的意義，需要你用心去領悟。在成長的過程中，是痛苦讓人不斷成熟，讓人更有耐心和愛心；是痛苦教會我們不要祇看眼前，更要放眼未來；也是痛苦告訴我們不

要為一時的成功而沾沾自喜，以至於耽誤了前進的腳步。

朋友，如果你現在處在「痛苦」之中，請不要氣餒、不要抱怨，振作起來，人生的智慧盡在其中。

使人快樂

使人快樂，在使人快樂中也使自己高興。（《奇妙之夜》）

這是一條很重要但容易被大家忽視的真理。

很多人祇在乎自己的感受，一心追求一己之樂，到頭來，交不到知心朋友，不僅快樂沒有找到，反而身心疲憊。殊不知，快樂就在身邊，祇要你敞開心懷，快樂自然會來到。

給予別人快樂吧，到處撒播快樂的種子，你將收穫無窮的快樂！

迎接苦難

悲傷和苦難是她的啟蒙教師，若想教誨一個難於教化的女人，祇有它們才堪當此任。

過去她總把生活當成遊戲，從未同它進行過較量；如

今，面臨著如此險惡的挑戰，她祇好調集潛力準備上陣。

對一位偉大人物來說，切身的痛苦會變成認識，而認識會變成感情充沛的力量。但是建立宏偉業績的，不是痛苦本身，而是對痛苦取得朝氣蓬勃的偉大勝利。（《羅曼·羅蘭傳》）

一個人如果沒有經歷過苦難，那麼她就不可能真正地認識自己。

有時，苦難也是一筆財富，祇是需要你放入一些催化劑，它自然就會轉化。

蔑視困難

陰雲密布的時候，巴爾扎克總能找到他真正的勇氣，生活最混亂的時候，他總寫出了最為優美而最能代表他個性的作品。

他習慣於笑對困難，使不可能變成為可能。（《巴爾扎克傳》）

有人說，困難就像彈簧，你弱它就強。這話雖然通俗，但很實際。如果在困難面前屈服，那麼你必定被它打敗；如果你蔑視困難，也許困難會自動向你低頭。

貴在堅持

做事半途而廢，說話有頭無尾都是壞事。這世界上的萬惡之源乃是半吊子精神。（《愛與同情》）

也許你已經失敗了九十九次，那你要相信第一百次一定成功。如果你不想平庸地度過一生，那你一定不要放棄；當痛苦的淚水流乾之時，也正是你飽嚐勝利的甘味之時，祇需要堅持，再堅持。在堅持的道路上，每一個人都有自己的行車道。

先秦大思想家荀子提出「學不可以已」的主張，他說：「不聞不若聞之，聞之不若見之，見之不若知之，知之不若行之。」從「不聞」到「行之」，是一個堅持不懈的過程。學習如此，生活何嘗不是如此呢？

成功之道，貴在堅持！

任何事都有限度

任何一種物質，其內部都有承受外來壓力的某種限度，超出這個限度，再加壓、加熱就不起作用了；水有沸點，金屬有熔點，構成人的心靈的要素，同樣逃不出這條顛撲不破的法則。喜悅達到了一定的程度，再增加就感覺不出來了，同樣，痛苦、絕望、沮喪、嫌惡、恐懼，也莫

Stefan
Zweig

84

不如此。心靈之杯一旦齊邊盛滿水，它就不可能再從外界吸收一點一滴了。（《富貴夢》）

當你處於順境之時，不要忘乎所以，因為快樂到一定程度，再增加就感覺不到了；當你處於逆境之時，也不要太過悲傷，同樣，痛苦到極限，再增加也不會感覺到了。

Stefan
Zweig

第十篇

關於作家

世界上最好聞的氣味

對於一個剛剛走上文學之路的青年來說，世界上最好聞的味道莫過於自己的作品印成鉛字之後的油墨味。

在茨威格十九歲的時候，他將自己挑選的一些詩作寄給了當時一家有名望的出版社——舒斯特爾・勒夫勒出版社。之後——

那些令人難忘的幸福時刻就接踵而來——這種幸福時刻在一個作家獲得輝煌成就之後的一生中是不可能再體味到的。

他接到出版社的用稿通知了，第一批樣書寄來了——

以後的事嘛，就是期待從各方寄來的信，期待最初的評論，期待從某個不相識的人、某個料想不到的人那裡獲得最初的反應——一個年輕人，當他第一部著作面世時，都會有這種我曾暗暗羨慕過的緊張、激動和興奮的心情。不過，我的這種陶醉祇不過是對最初時刻的迷戀，而絕非自滿。（《昨日的世界——一個歐洲人的回憶》）

幡然醒悟

年輕的作家，在創作之初，難免會出現「為賦新詞強說愁」的情況。

*Stefan
Zweig*

88

茨威格在柏林接觸了廣泛的人群，瞭解了更為真實的現實世界之後，幡然醒悟：一個真正的作家，不是通過剽竊別人的技巧就能誕生的。同樣，有價值的作品，也不是靠無病呻吟的辭藻堆砌出來的。

我覺得那些在形式上精雕細琢的詩句應該說是好的和熟練的藝術品，其中一部分甚至可以說是相當出色，但是我總覺得它們的傷感情調是不真實的。

我也覺得我最初發表的一些中篇小說帶有灑過香水的紙張氣味。

現在，一種聲音在茨威格的心裡越來越清晰，「我」今後該走什麼樣的道路——

Stefan
Zweig

89

這就是多看、多學，然後才開始真正的創作！不要帶著倉促寫成的作品來見這個世界，而要首先瞭解這個世界的本質。（《昨日的世界——一個歐洲人的回憶》）

捧得越高，摔得越慘

那首詩曾把他捧得很高，為的是以後把他摔得粉碎。（《昨日的世界——一個歐洲人的回憶》）

一個合格的文人，是要有風骨的，任何時候都要有自己的胸懷、信念；一個真正的作家，是要維護和保衛人類

一切人性的。

一戰中有位詩人叫恩斯特・利騷，他由衷地信賴德國，熱愛德語文化。戰爭剛一爆發，他就踴躍報名參軍，在被拒絕之後，他決心用詩歌為國效力，寫了一首《憎恨英國》，「這首詩用簡潔明瞭、印象深刻的詩句煽動起對英國的仇恨，發誓永遠不原諒英國的『罪行』」。很快，這首詩在德國激起鉅大的反響，「德國皇帝深受感動，授予利騷一枚紅色的雄鷹勳章。各家報紙都轉載了那首詩；教師們在學校裡把它念給孩子們聽；軍官們走到前線，把它朗誦給士兵們聽，甚至每一個士兵能把那充滿仇恨的詩歌背得滾瓜爛熟。但是這還不夠。那首小詩被配上樂曲和改編成大合唱，在劇場演出」。

當戰爭過去，商人們又想做生意，兩國的政治家們又想促進雙方的諒解，那首詩就成了一個鉅大的障礙，於是，不約而同地，大家都把紅極一時的詩人利騷當作禍害的根源來排斥，「每一個在1914年讚美過他的人到1919年都明顯地不理他了。報紙不再發表他的詩作。當他在同伴中間露面時，立刻出現難堪的沉默。」

一個作家，一個文人，永遠都要記住自己的職責是什麼，否則他將走錯路，誤入歧途。有自己的思想，才能不被世俗的政治力量所左右。

文學作品源於生活

如果當時我沒有在戰爭中痛苦地體驗和預感一切，那麼我仍然會像戰前的我一樣，是一名——如音樂術語所說——「令人愉快的」作家，而永遠不會領悟、理解和擊中內心的最深處。（《昨日的世界——一個歐洲人的回憶》）

一個沒有經過實踐檢驗，祇是憑空想象和靠著寫作技巧而取得了一些成績的作家，不是一個成熟的作家，而即使他的作品暫時取得了成功，受到了歡迎，也不能永葆生命力。

真實的生活是作家創作的土壤，真切的體驗是作家創作的上好素材，離開了生活，哪怕天才的創作也將失去活力、走向衰竭。

作家的驕傲

一個作家最幸福的事，莫過於作品受到歡迎，一個作家最有價值的成就，就是「擁有一個讀者群，一批可信賴的人，他們期待，以及購買我的每一本新書」。

1924年到1933年間，歐洲出現了一片和平的局面，「巴黎、維也納、柏林、紐約、羅馬，無論是戰勝國的城

市還是戰敗國的城市，都變得比以往更漂亮。飛機加快了交通的速度。辦理護照的規定已放寬。貨幣比價的大幅度波動業已停止」。總之，「人們能夠重新工作，集中心思，去考慮文學藝術方面的事情。人們甚至可以重新夢想和希望有一個統一的歐洲」。

對於茨威格個人來說，最令他驕傲的一件事就是：

在那幾年中，有一位客人來到我的家，並友好地留了下來，那是我從未期待過的客人——我的成就。

我的讀者群漸漸地越來越大。我的每一本書，當它第一天在德國公開發行時，就銷售兩萬冊，而且報紙上還沒有登過任何廣告。有時候我有意識地想避開那種成就，可是它卻出人意料地固執，始終跟隨著我。

我在那幾年不斷取得成就，而且與日俱增的德語讀者一直忠實於我。（《昨日的世界——一個歐洲人的回憶》）

作家的使命

（巴爾扎克）有責任去解決有關人類的重要問題，來用一種崇高的藝術形式去提高小說的水平，不論這些問題是屬於社會的、哲學的或宗教的。（《巴爾扎克傳》）

每一個人偉大的作家都是有著偉大的胸懷、心中裝著黎民百姓、裝著整個人類的。祇為了一己私利而寫作的人，一定不能成就偉大。

　　對於巴爾扎克來說，「使讀者落淚的才能並不能够滿足他」。正是懷著這樣的使命來創作，他成了世界各地千千萬萬人敬仰的偶像。

Stefan
Zweig

第十一篇

人生無常

時間帶走了什麼

二十年後,茨威格再次來到了跟舊書商門德爾有過一面之緣的咖啡館——格魯克咖啡館。

那裡再沒有了往日熟悉的景象,老板、堂倌、裝飾,都變了樣,再沒了往日熟悉的感覺——

一絲苦味涌上心頭,我體會到什麼叫人生無常:既然我們生活的一切痕跡,立刻就被吹得無影無蹤,那活著還有什麼意思呢?在這裡,就在這兒的盈尺之地,一個人曾在這兒呼吸、工作、思考、說話,三十年,也許有四十年之久,然而祇需過上那麼三四年時間,格魯克咖啡館竟沒有一個人能記得雅可布‧門德爾——舊書商門德爾了。(《昨日的世界——一個歐洲人的回憶》)

很多年過去了,這個不起眼的舊書商早已淹沒在時間的海洋中,然而他的靈魂卻存在於真正熱愛知識、熱愛讀書的人心目中。

天有不測風雲

人生中最痛苦的事不是不曾擁有,而是擁有之後,再被奪走。

命運捉弄人的最殘忍的方式,不是從一開始就把他打

入地獄，而是先把他捧到天上，當他正洋洋得意的時候，驟然將他推入深淵。

我曾經毫無畏懼地想到過死，想到過患病，但是在我的思想中卻從未想到過我目前面臨的處境，沒有想到我不得不背井離鄉，作為一個被趕出家門的人而被追逐、被驅趕，再次從這個國家到另一個國家，浪跡天涯；我沒有想到我的那些書籍會被焚毀、被禁止、被宣布為不受法律保護；我沒有想到我的名字在德國會像一個罪犯的名字般受到指責。（《昨日的世界──一個歐洲人的回憶》）

總之，「我」生活中的一切東西，頃刻之間分崩離析、煙消雲散。

形單影隻的窮途末路

因為她渴望幸福時刻一人獨樂，所以不幸來臨時，她形單影隻。（《命喪斷頭臺的法國艷后》）

生命中有快樂，也有痛苦。快樂，與人分享，快樂會加倍；痛苦，與人分擔，痛苦會減半。

當她被送上斷頭臺，走到人生盡頭的時候，她的幻想徹底破滅了，但「高興的是，她的眾多煩惱就快要結束了」。因為，「長期以來她一直忍受著命運帶來的最大的

痛苦：新的嚴峻考驗不會再比生命最後這幾個月的生活更難忍受。如今，死已迫在眉睫，這一死並不艱難。她準備著，或者說渴望著去死」。

這個結局，是她所不曾想到的。

生與死

有生就必然有死，生生死死不斷循環。關於生與死這個話題，古往今來，多少文人騷客探討過、爭論過。

生與死的界限是什麼？

什麼樣的生才是有價值的生，什麼樣的死才是有意義的死？

茨威格是這樣回答的——

有先於死亡的死，也有超出一個人生活界限的生。我們和虛無的真正分界線，不是死亡，而是活動的終止。（《羅曼‧羅蘭傳》）

縱使死不能把握，但是生的時刻，你可以做自己的主人，向命運挑戰。

單行道的人生沒有後悔

歷史好比人生，業已失去的一瞬不因抱憾的心情而重返，絕無僅有的一小時所貽誤的，千載難以贖回。

一秒鐘之內一個人就可以死去，一種命運就可以決定，一個世界就可以沉淪！（《愛與同情》）

人生就像單行道，祇能前進，不能後退。

每當回憶往事，很多人都會痛心疾首，抱怨有諸多遺憾後悔之事，「麻煩就出在你如此空拋歲月，虛度年華，從來沒有專心致志於什麼事業」。

當你老之將至，倘若能夠做到「不因虛度年華而悔恨，不因碌碌無為而羞恥」（奧斯特洛夫斯基《鋼鐵是怎樣煉成的》），那麼這一生就是充實完善的一生。

有因必有果

一個王朝的興盛衰落都不是一朝一夕的事情。那些看似轉瞬就土崩瓦解的政權，其實是早已埋下了滅亡的種子，存在著極大的隱患。

在一個世紀的將近五分之一的時間裡，法蘭西王后從沒有希望，或至少有過念頭，去認識一下她自己的王國，去看看她必須統治的外省地方，看看衝刷著法國海岸的大

海，看看群山、要塞、城市以及這片遼闊多樣的土地上的教堂。她從沒有悄悄地用過一個小時去私訪她的一個百姓，或甚至去想一想她的黎民；她從沒有跨進一個中等階級人家的門檻。貴族小圈子之外的世界對她實際上是不存在的。（《命喪斷頭臺的法國艷后》）

因此，她最後走向毀滅的結局，也是注定不可避免的。萬事難逃自然規律，有因必有果，有果也必有因。

一個王后忘掉她的子民是最危險的事。

Stefan
Zweig

110

自己掌握命運

為了給一顆心以致命的打擊，命運並不是總需要聚積力量，猛烈地撲上去；從微不足道的原因去促成毀滅，這才激起生性乖張的命運的樂趣。用人類模糊不清的語言——我們稱這是最初的、不足介意的行為——為誘因，並且令人吃驚地把它那無足輕重的分量與經常是強烈的起持續作用的力量相比，正如一種疾病很少在它發作前被人發覺一樣。（《一顆心的淪亡》）

命運總喜歡和我們捉迷藏，這個謎一樣的對手，使無數人領教了它的威力和凶險。

「把你們自己的命運掌握在自己手中。」使你的人生

走到盡頭之時，多一點欣慰，少一點悔恨。

時代的寵兒

在羅蘭的一生中，最富神秘色彩的一件事是他在青年時代的各個時期都和他同時代最傑出的人物發生過密切關係，雖然他從未尋求過什麼人。在他的靈魂深處，他是個喜歡埋頭於書堆的遁世者。然而，生活卻遵循著深奧莫測的萬有引力定律，總是把他吸引到英雄人物的圈子裡去，總是讓他去接近最強有力的人物。（《羅曼‧羅蘭傳》）

有心栽花花不發，無心插柳柳成蔭。真是這個道理，「好運總是落在並不想得到好運的人身上」。

在茨威格看來，羅曼‧羅蘭是一個時代的幸運兒。

命運的戲弄

命運總喜歡讓偉人的生活披上悲劇的外衣。命運就是要用它最強大的力量考驗最強大的人物，用荒謬的變故對抗他們的計劃，使他們的生活充滿神秘莫測的諷喻，在他們前進的道路上設置重重障礙，以便讓他們在追求真理的徵途中鍛煉得更加堅強。命運戲弄著這些偉大人物。但這

是大有補償的戲弄，因為艱苦的考驗總會帶來好處。

世界文學鉅子——瓦格拉、尼采、陀思妥耶夫斯基、托爾斯泰、斯特林堡，都難免經歷過戲劇性的生活，作為他們創作的藝術作品的補充。（《羅曼·羅蘭傳》）

命運有時施恩，有時絕情。

生之欲望

一切痛苦畢竟是懦弱的表現，在堅強有力的生活感召下自會悄悄隱退，我們肉體裡面留存著的生活感召似乎遠比我們精神裡面所有的求死之意更為強烈。（《一個女人一生中的二十四小時》）

任何生物都有求生的本能，人更是如此。越王勾踐臥薪嚐膽，雖是為了報昔日之仇，但首先也是為了存活，沒有生存，哪裡談得上復仇。大多數人在面對痛苦、挫折、磨難時，都會盡最大努力去克服，縱使很痛、很難忍，但還是想搏一搏。

一路上風雨兼程，磕磕絆絆在所難免。生存需要勇氣，能夠排除萬難，堂堂正正地活著，就是一件非常了得的事情。

太平世界

茨威格長大成人的那個時代，可以用這樣一句話來概括——「那是一個太平的黃金時代。」這種景象能維持多久呢？會亙古不變嗎？很難說。

在那個社會裡——

一切都有規範、標準和尺寸。擁有財產的人能夠確切算出每年贏利多少；公職人員和軍官能夠有把握地在日曆中找到哪一年他將擢昇和退休。每戶人家都有自己固定的預算，知道一家人食住要開銷多少，夏季旅行和社交應酬要花費多少，此外還必須留出一小筆錢，以敷生病和意外的急需。自己有住房的人都把一幢房子看作為子孫後代留下了萬無一失的家園。

這種太平的感覺是千百萬人所夢寐以求的財富，是他們共同的生活理想。（《昨日的世界——一個歐洲人的回憶》）

當他正要邁入社會，進入他心目中早已設定好的角色時，上帝跟他開了一個鉅大的玩笑——戰爭來了。太平世界將一去不復返了。

Stefan
Zweig

第十二篇

自由

另一種自由

祇有和一切人不再保持聯係，才不必有任何顧忌。

（《昨日的世界——一個歐洲人的回憶》）

我們的身上總是有太多羈絆、太多束縛，以至於年齡越大越邁不開腳步，久而久之，難免有一種失去自由的感覺。

茨威格面對多舛的命運，恰恰是作為「流離失所的人」獲得了「一種新的意義上的自由」。

時代把他投入到一條鉅浪翻滾的河流，他索性就在這條河裡自由翻騰，離開了家園，告別了親人，奔走於世界各地，從這個意義上說他是自由的。

自由思想被壓制

蔡元培先生曾把「思想自由，兼容並包」八個字作為北大的校訓，這是對有志青年的希冀，同時也說明做到思想自由不是容易之舉。

人們在19世紀的文學中幾乎看不到對大城市青年一代的各種危險、困惑、陰暗面的反映。

書中描寫的淨是一些經過加工、理想化的、溫和適中的事件，因為那整整一代人由於時代的壓力而不能自由表

達自己的思想見解。

對於一個有思想的人來說，茨威格為生在那樣一個禁錮思想的時代感到遺憾：

我們正是在這樣一種令人窒息、不健康的空氣中，在這樣一種充滿香水味而又鬱悶得難受的空氣中長大成人的。（《昨日的世界——一個歐洲人的回憶》）

選擇的動因

一個人沒有上過大學，甚至沒有讀過中學，但他仍然可以成為一名傑出的哲學家、歷史學家、語言學家、法學家或者其他什麼家。我在實際生活中曾發現過無數這樣的事實：一個舊書店的店員對於書的瞭解常常勝過有關的教授；一些經營藝術品的商人總是比研究藝術的學者更懂藝術；各種領域裡的大部分重要建議和發現，通常是由外行人提出來的。（《昨日的世界——一個歐洲人的回憶》）

在大學選專業的時候，茨威格發現在可供選擇的範圍內，並沒有對他具有魅力的學科，因此，他主要考慮的是哪個專業能給他最充足的時間和最充分的自由。

抱著這樣的態度，茨威格最後選擇了哲學專業。專業的選擇，對於大多數人來說是一件非常重大的事情，然而

茨威格大學選專業的時候卻完全是從能否享有自由的角度出發的。

「好的書籍勝過最好的大學。」愛默生的這句名言放之四海而皆準。

自由的國度

各民族不懷敵意地在同一個空間和睦相處，這是瑞士人的理想。

人們在這裡不會覺得陌生，在世界的不幸時刻，一個自由的、獨立的人在這裡會覺得比在他自己的祖國更有歸家之感。（《昨日的世界——一個歐洲人的回憶》）

提到瑞士，無數人的心裡會萌生出一種向往之情，除了富有、美麗，更重要的是，它是一個自由的國度。

瑞士，這個「和平與自由的駐地，他最忠實地保存著自己固有的特色，同時歡迎各種思想觀點」。在這裡，沒有傷員、沒有即將奔赴前線的士兵、沒有被扭曲的心靈，也沒有「躺在床上失眠和想念著自己兒子的婦女」。

自由是一種力量。

自由無價

　　一百多年前，匈牙利詩人桑多爾·裴多菲曾經說過：「生命誠可貴，愛情價更高。若為自由故，兩者皆可拋。」對他來說，自由是人生中最重要的財富。

　　人生在世，每個人總有自己最在乎的東西。教師以桃李滿天下為榮，商人以家財萬貫為耀，農民以五穀豐登為樂，醫生以妙手回春為傲。

　　對茨威格來說——

　　腦力勞動是最純粹的快樂，個人自由是這個世界上最崇高的財富。（《異端的權利》）

生命因自由而美麗

　　如不用自由和快樂施肥，世界就會變得貧瘠不毛、毫無創造；而生命，如被嚴肅制度束縛，就會變成凍僵的死屍。（《異端的權利》）

　　美國作家索爾·貝婁曾在《一件小事的震動》中講過這樣一則故事：小時候，「我」把捉到的一隻小畫眉關進籠子裡，第二天，一隻成年的畫眉給小畫眉銜來很多類似梅子的食物。令「我」震驚的是，小畫眉吃完就死了。後來聽一個鳥類學家解釋道：當美洲畫眉發現它的孩子被關

進籠子裡以後，它必定給小畫眉喂足量能够導致死亡的毒梅，它似乎堅信，孩子死了總比活著做囚徒好。

這個故事給我的印象很深，如此小的動物對自由的理解竟是如此深刻。

徐志摩先生曾狂呼：「飛出這圈子，飛出這圈子！到雲端裡去，到雲端裡去！」（徐志摩散文詩《想飛》）陳寅恪先生也説過：「思想不自由，毋寧死耳！」

生命因自由而美麗！

給信仰插上自由的翅膀

試圖強迫一個人公開聲明接受一種他所反對的信仰，不但是不道德和不合法的，而且也是愚蠢和荒謬的。像這樣用拉夫入伍成軍來支持一種哲學或者一種信念，祇能羅致一批偽君子而已。

一種哲學或一種宗教不能依靠酷刑、戰斧和大炮去建立，祇能依靠影響別人，使他們不受強迫地去接受一種信念，祇能依靠真正的瞭解，才能避免戰爭，並把思想連結在一起。（《異端的權利》）

任何人都可以有信仰，而且信仰的內容也是多樣化的，任何干涉信仰自由的行為都是愚蠢的。

在信仰的世界裡，最可貴的就是自由，沒有了自由，
信仰就沒有生存的沃土，給信仰插上自由的翅膀吧！

Stefan
Zweig

第十三篇

虛偽的道德

違背天性的道德

一個世紀的每種社會風尚，都以它有目共睹的趣味愛好，無意之中顯露了那個世紀的道德觀念。（《昨日的世界——一個歐洲人的回憶》）

十九世紀的道德無疑是虛偽的、不真誠的，它違背人的自然本性。那時候人們的打扮簡直是滑稽可笑的，「穿戴不自然、不方便、不實用、不符合健康要求」，男人女人都從頭到腳全副武裝，裹得嚴嚴實實，「不能生氣勃勃、輕盈而自由地行動」，「每一個動作、每一個姿態，以及全身裝模作樣產生的效果，都顯得矯揉造作、極不自然」。

這種打扮的其中一個明顯目的就是掩蓋男女性別特徵，這「無非是為那個時代的總的道德傾向效勞，因為那個時代主要關心的是掩蓋和隱藏性愛」。

穿著衣服洗澡

一旦把魔鬼關在門外，十之八九，魔鬼會被迫從煙囪或者後門進來。

當時那個社會由於采取這種違反心理和天性以保持緘默和掩蓋的方法，恰恰使自己走向反面。它唯恐在生活、

文學、藝術、穿著方面出現有傷風化的事，到處去防範能引起性興奮的刺激，反而使自己的念頭始終圍繞著不道德的勾當轉。（《昨日的世界——一個歐洲人的回憶》）

你有聽過穿著衣服洗澡這樣滑稽可笑的笑話嗎？然而，它不是笑話——可悲之處就在這裡。

據茨威格回憶，當時婦女們在室內洗澡還得穿著白色的長襯衣，可見當時的道德恐怖達到了什麼程度，它在社會上造成的結果就是：「幾乎沒有一座柵欄或者一個廁所沒有塗上下流字畫的；在游泳池裡用來隔開女子游泳區的木板壁上，沒有一堵不被人捅破幾個木材節孔的。」這恰好印證了「凡是受到壓抑的東西，總要到處為自己尋找迂迴曲折的出路」這句話的正確性。

人為間隔

在這段時間裡，一個年輕男子不得不為泄欲尋找「機會」或為尋求「風流」而操心。

這也再次暴露了一種內在的虛偽，因為資產階級的年曆和自然的年曆根本不一致。（《昨日的世界——一個歐洲人的回憶》）

當時的資產階級社會，有個不成文的規定，男人在成

年之後才能有性生活。

「成年」的標誌是事業有成，獲得社會地位，這在二十五六歲之前幾乎是不可能的，但他們生理上的成年是在十六七歲。那麼，這兩者之間就有六七年、甚至十來年的「人為間隔」時期。

茨威格告訴我們，「這個問題在所謂下層社會的各個圈子裡是不成其為問題的」。「在我們阿爾卑斯山的大多數村莊裡，未婚同居生的孩子遠遠超過婚生的孩子」。

戴著鐐銬跳舞

跟今天的青年相比，當時的青年幾乎沒有青春的幸福和歡樂。

看看那個糟糕的時代就知道了——

年輕的姑娘們在家庭的管束下，完全與現實生活隔絕，身心的自由發展受到阻礙；年輕的小伙子們又迫於那種基本上誰也不相信、誰也不遵循的社會道德，不得不背地裡去幹偷偷摸摸的事。

在那一代青年人中間，誰也記不得在他和女人的最初接觸中有多少值得他懷著真正發自肺腑的喜悅留戀的插曲。（《昨日的世界——一個歐洲人的回憶》）

因為即使他們在做著令人歡愉的事情時，心靈上也是蒙著沉重陰影的，哪怕在最充滿激情的時刻，這種陰影也是擺脫不掉的，即害怕染上性病。

Stefan
Zweig

第十四篇

偉人

偉人的先見

他（特奧多爾·赫爾茨爾）在上大學時就提出過一個徹底解決猶太人問題的幻想計劃，甚至要通過自願的集體洗禮把猶太教和基督教統一起來。（《昨日的世界——一個歐洲人的回憶》）

當時的維也納有一家著名的報紙——《新自由報》，「這家報紙的世界觀是『進步的』和自由主義的，它的態度是有節制和謹慎的，在代表古老的奧地利的高度文化水平方面堪稱表率」。

它的副刊編輯名叫特奧多爾·赫爾茨爾，「他是我有生以來見到的第一個應當享有世界歷史地位的人物。」茨威格說。

當他看到一個法國猶太軍官被法蘭西陷害時，懷著激憤的心情撰寫並出版了一本小冊子《猶太國》，他在書中發出了這樣的呼聲：「無論是寄希望於同化，還是一味的忍讓，對猶太民族來說都是行不通的，它們必須在自己的故鄉——巴勒斯坦建立起自己的新國家。」

他夢想著把猶太民族——這個被驅趕和沒有祖國的民族——從歧視和仇恨的厄運中拯救出來。但是，他的遠見在當時並不為人所理解，維也納的猶太人資產階級發出這樣的疑問：「他為什麼要寫出這樣的蠢話？幹這樣的蠢

事？我們幹嗎到巴勒斯坦去？」

　　歷史一次又一次地證明，具有遠見的偉大人物總是孤獨的。

偉大的人物羅丹

　　茨威格在一位朋友的介紹下，拜訪了藝術大師羅丹，在他面前，「我」緊張得一句話都說不出，但「我」的這種窘態似乎博得了羅丹的好感，在告辭時，他還向「我」發出了拜訪默東（Meudon，法國地名，羅丹晚年居住於此，並於1917年11月17日在此逝世）創作室的邀請。

　　在他的身上，「我」感受到了——

　　偉大的人物總是心腸最好的。

　　偉大的人物在自己的生活中幾乎都是最最樸實的。……飯菜是如此簡單，就像一家中等水平農民的伙食：一塊厚厚的肉、幾顆橄欖和一盤豐足的水果，外加本地產的原汁葡萄酒。（《昨日的世界——一個歐洲人的回憶》）

意外發現

我才知道：現在終於有了一部不是為一個歐洲國家而是為一切歐洲國家服務的書，一部為增進歐洲國家團結的書；現在終於有了這樣一個人，有了這樣一位詩人，他表現出各種道義的力量：對於愛的理解以及要想得到這種理解的真誠願望、經過檢驗和甄別的正義、對藝術之間相互聯係的使命的令人鼓舞的信任。（《昨日的世界——一個歐洲人的回憶》）

當歐洲處於一片陰霾之中的時候，茨威格在一位朋友家裡意外發現了羅曼·羅蘭的作品。正是這位偉大的人物，第一次提出「建立歐洲的和睦關係」的號召。

簡樸即高貴

茨威格見到過很多偉人的墳墓，「無論是巴黎榮民療養院教堂裡大理石拱門下的拿破侖墓室、君王陵寢裡的歌德靈柩，或者是威斯敏斯特教堂裡的墓碑」，他們的氣象均不及托爾斯泰之墓給人的印象深刻——

那塊高貴的朝聖地坐落在偏僻、孤寂之處，被一片樹林環抱。一條狹窄的小路通往那座山丘，那山丘祇不過是一個由土堆積起來的矩形土墩子，沒有人在那裡看守，也

沒有人保護，祇有幾棵大樹給它遮陰。

一個小小的矩形土丘坐落在高大繁茂的樹林之中——沒有十字架，沒有墓碑，沒有銘文。

他埋葬在那裡，就像一個被偶然發現的流浪漢，或者一個不知名的士兵。誰都可以來看他這永眠之地，雖然周圍有稀疏的柵欄，但從來沒有封閉過。（《昨日的世界——一個歐洲人的回憶》）

托爾斯泰，在文學的國度裡，是一位偉大的作家，他的墳墓真是簡樸得令人嘆服。

正是因為它的簡樸，所以顯得高貴；正是因為它的普通，所以顯得獨特。

另一種英雄

所謂英雄不是指那些為個別生活目的、為取得成就而進行鬥爭的人，而是指那些為整體、為生活本身進行鬥爭的人。

強有力的事物在它震撼世界以前，總是處於孤獨的狀態。祇有離群索居，不計成敗得失的人才敢於進行如此毫無希望的創作，寫一部十卷本的長篇小說。祇有在這種遁世幽居中，才能把如此廣博的知識澆鑄成創造性的作品。

祇有這種不受人類污濁之氣侵蝕的潔淨環境，才能使他從容不迫地發揮他完美的構思。（《羅曼·羅蘭傳》）

英雄不僅僅局限在戰場上，那些用筆為整個人類吶喊的文人，毫無疑問，也堪稱英雄。那麼究竟何謂英雄？

在文學的天空裡，羅曼·羅蘭是一個真正的英雄。

思想之偉大

每一個思想家，一待時機成熟，他的主要思想便不可避免地要尋找出口，其勢就像扎刺要從化膿的手指上流出去；嬰兒從母親的子宮裡尋求分娩；膨脹的果子尋求脫殼而出一樣不可阻擋。（《異端的權利》）

做個有思想的人不容易，做個真正的思想家，更不容易，一旦成功，他就是偉人了。

思想家單槍匹馬，靠他的大腦，就能支配千千萬萬人的想法。

細節成就偉大

沒有人能隨隨便便成功，凡是事業有成的人，對待工作都有一種專注的態度，正是這種細節成就了偉大。

茨威格在藝術家羅丹的身上看到了這種精神的強大，他這樣回憶了他與大師的一次會面：

我在那一小時內看到了一切偉大藝術的永恒的秘密，即看到了世間任何一種藝術創作的訣竅：全神貫注，不僅思想高度集中，而且要集中全身精力；每一個藝術家都得把自己置之度外，忘卻周圍整個世界。（《昨日的世界——一個歐洲人的回憶》）

在那一小時裡，「對他（羅丹）來說，我是不存在的，對他來說，祇存在那座彫塑——他的作品，以及看不見的如何精益求精的構思」。

因為這種專注，成就了一代大師。如果每個人都把工作當成一件藝術品來對待，那將成就多少藝術家呢？

霍夫曼斯塔爾

茨威格在十六歲的時候，見到這位卓越、純正、天才的詩人——霍夫曼斯塔爾。

他還能清楚地記得當時的情形：

霍夫曼斯塔爾動作靈活，蓄著還沒有完全成形的稀軟的上髭，看上去比我想象的還要年輕。一張輪廓分明、有點像意大利人的黝黑的臉，繃得緊緊的，顯得有點緊張。

他的一雙漆黑、柔和而又高度近視的眼睛流露出來的不安，加深了這種印象。他仿佛一下子就全身投入到滔滔的演講之中，就像一個游泳者投身於熟悉的洪流一樣。他愈往下講，舉止愈自在，態度愈鎮靜，一旦思路展開，開始時的那種拘束全消失了，祇見他輕鬆自如，侃侃而談，這位靈感豐富的人一如平常。

在他真正靈感勃發的時刻，他所接觸過的一切：讀過的每一本書、見過的每一幅畫和每一處風景，都會在他精靈一般清醒的記憶中復活。（《昨日的世界——一個歐洲人的回憶》）

在茨威格看來，他的思想水平極高，他的每一句話都非常完美，「他有一種天賦的講究形式的神奇感覺」。

第十五篇

城市印象

音樂之都

在歐洲，幾乎沒有一座城市像維也納這樣熱衷於文化生活。

七顆不朽的音樂明星——格魯克、海頓、莫扎特、貝多芬、舒伯特、勃拉姆斯、約翰·施特勞斯，曾在這裡生活過，向全世界放射著光輝；歐洲文化的各種潮流都在這裡匯集；在宮廷裡、在貴族中、在民間，德意志的文化傳統和斯拉夫的、匈牙利的、西班牙的、意大利的、法蘭西的、弗蘭德的文化傳統有著血肉的聯係。這座音樂之都的真正魅力是把一切具有極大差異的文化熔於一爐，使之成為一種新的、獨特的奧地利文化、維也納文化。這座城市有著博采眾長的願望和接受外來影響的特殊敏感，它把那些最不一致的人才吸引到自己身邊，使他們彼此逐漸融洽。在這種思想融洽的氛圍中生活，令人感到不勝溫暖。這座城市的每一個居民都在不知不覺中被培養成為一個超民族主義者、一個世界主義者、一個世界的公民。（《昨日的世界——一個歐洲人的回憶》）

即使在今天，在音樂的王國裡，維也納也占據著重要的位置。

享樂之都

維也納有著優美的自然風光，在這裡能享受到比其他大都市更自然的生活，然而維也納也是一座眾所周知的享樂者的城市——

所謂文化，不就是用藝術和愛情把赤裸裸的物質生活塗上最美好、最溫情和最微妙的色彩嗎？享受美食，喝一瓶上好的葡萄酒和一瓶澀味的新鮮啤酒，品嚐精美的甜食和大蛋糕，在這座城市裡是屬於一般享受。而從事音樂、跳舞、演戲、社交、講究風度儀表，才是這裡的一種特殊藝術。無論是個人生活還是社會生活，頭等重要的事，不是軍事、不是政治、不是商業。一個普通的維也納市民每天早晨看報的時候，第一眼看的不是國會的辯論或者世界大事，而是皇家劇院上演的節目。（《昨日的世界——一個歐洲人的回憶》）

城堡劇院

對維也納人、奧地利人來說，（城堡劇院）不僅僅是一座演員在上面演戲的舞臺，更是反映大天地的小天地。

觀眾從皇家演員身上可以看到自己的榜樣：一個人該怎樣穿著打扮，怎樣走進房間，怎樣談吐，一個有高尚趣

味的男人可以說哪些言辭而又必須避免哪些話。舞臺不僅僅是使人娛樂的場所，而是一本教人正確發音、學習優雅風度的有聲有色的教科書。（《昨日的世界——一個歐洲人的回憶》）

城堡劇院，是維也納的皇家劇院，「這座劇院在公眾生活中具有其他城市幾乎不能理解的重要性」。

葬禮即盛會

「在維也納，凡事都可成為慶祝的理由。」即使是出殯，也要辦得熱熱鬧鬧的——

任何一個講究禮俗的維也納人都追求「壯觀的葬禮」、豪華的排場和眾多的送葬人；甚至可以說，一個真正的維也納人的辭世，對他人來說是一次大飽眼福的盛會。在這種對一切聲色和節日氣氛的愛好之中，在這種對演戲似的生活的樂趣之中，維也納全城的人都是一致的。（《昨日的世界——一個歐洲人的回憶》）

一座有容乃大的城市

維也納的天才——一種獨特的音樂天才，從來都是

把民族和語言的一切對立因素和諧地融合在自身之中；維也納文化是西方一切文化的綜合。凡是在維也納生活和工作的人都感覺到自己擺脫了褊狹和成見。（《昨日的世界——一個歐洲人的回憶》）

維也納，這座城市在精神和文化方面是多元化的，在思想上是超民族的。

維也納，亦是一座兼容一切精神的城市。

初到柏林

為了擺脫那種資產階級的安逸，避免在一個熟悉的環境中不思進取，也為了去和更廣泛的階層接觸，瞭解更多新鮮的事物，茨威格離開了維也納，來到了柏林。初到柏林，第一印象還是令他失望了，誰讓「偉大的祖先把維也納裝扮得如此美麗」。

但是，茨威格來這裡的願望還是在某種意義上實現了的——

這裡的「新」文學要比在我們那裡的「新」文學更繁榮、更充滿活力。

在柏林不斷有新的雜誌出版，新的曲藝場和劇院落成。

在柏林總有點兒什麼新鮮事。（《昨日的世界——一個歐洲人的回憶》）

巴黎，永遠煥發青春的城市

早年，我曾兩次匆匆到過巴黎，對這座異常繁華的城市祇有粗淺的瞭解，但我知道，誰年輕時在那裡生活過一年，他就會一輩子都帶著一種莫大的幸福回憶。任何一個地方都沒有像這座城市那樣，有一種使人處處感到青春活力的氣氛。（《昨日的世界——一個歐洲人的回憶》）

巴黎，一座令多少年輕人向往的城市，它不僅是一座城市，更像一個符號，時裝、美景、名勝、藝術是它的名片，時尚、熱情、浪漫是它的代名詞。

巴黎能否幸存

它（巴黎）曾給予我們最睿智的學說、最傑出的榜樣；同時她又給每一個人開闢了自由和創造的天地，使每一個人在美的享受方面越來越豐富。

自從希特勒的鐵蹄踏上巴黎以來，那種令人讚嘆的怡然自得也許是一去不復返了。（《昨日的世界——一個歐

洲人的回憶》）

世界上最殘忍的事情，莫過於眼睜睜地看著美好的事物被毀於一旦。「當占領者的翻口皮靴踐踏巴黎市民的那些舒適的酒吧和咖啡館時」，茨威格的心裡一陣陣痙攣。

這樣一座不可多得的城市，這樣一顆珍稀的明珠，在這個「由於自相殘殺的狂熱竟變得如此暗無天日，到處是徵服和囚禁」的世界，能否幸存下來？

倫敦印象

離開巴黎，來到倫敦，茨威格的感覺，「就像一個人在炎熱天突然走進陰涼之中」。

初來乍到，為了儘快適應環境，「我學習喝英國淡啤酒，並且用全英流行的煙斗代替巴黎的捲煙」，但是對英國人的生活，他還遠遠不瞭解——

如果一個純粹的觀察者，即一個賦閒的人不善於把眾多的休閒活動提高到一種高尚的交遊藝術，那麼倫敦這座城市就會把他當作異己堅決排斥在外。

如果誰祇是從外表上觀察英國，走馬觀花似的從那些重要的地方一掠而過，譬如說，祇是從倫敦市內成百上千家公司商號門前匆匆走過，那麼他從外面除了看到擦得

鋥亮的千篇一律的黃銅招牌以外，其他什麼也不會瞭解。

（《昨日的世界——一個歐洲人的回憶》）

第十六篇

戰 爭

戰爭的烏雲向歐洲襲來

各方面的繁榮也許太快了，歐洲的國家和歐洲的城市也許強大得太急速了，而且那種渾身是勁的感覺總是誘發人和國家去使用或者濫用那股力量。（《昨日的世界——一個歐洲人的回憶》）

當歐洲出現一片欣欣向榮的景象時，「我們卻沒有預料到，使我們不勝欣喜的事同時也包藏著危險」。

各個國家之間出現劍拔弩張的狀態，關係日益惡化，為了金錢，貪得無厭，為了領土，大動干戈，戰爭的烏雲逐漸向歐洲襲來。

戰爭之初

我今天仍然不願在我一生的回憶中省略掉那次戰爭的最初幾天。成千上萬的人儘管在戰前的和平時期相處得比較好，但是從來沒有像戰爭剛開始時的那種感情：覺得他們屬於一個整體。

地位、語言、階級、宗教信仰的一切差別都被那短暫的團結一致的狂熱感情所淹沒。不相識的人在大街上互相攀談；多年來互相回避的人在握手；人們到處看到精神煥發的面容。每個人都經歷著一個提高「自我」的過程；

他不再是一個孤立的人，而是群眾的一分子，他是人民，是人民中的一員。（《昨日的世界——一個歐洲人的回憶》）

戰爭是可怕的，它摧毀一切，使生靈塗炭，人人都畏懼戰爭，憎惡戰爭。

為反對戰爭而戰

茨威格終於親眼目睹了戰爭的慘狀，真是觸目驚心，那是一輛運傷員的列車，「沒有一扇像樣的玻璃窗戶，而祇有一個窄窄的通氣小窗，車廂裡用的是被煤煙熏黑的油燈照明，不禁令人毛骨悚然。簡陋的擔架一副挨著一副放在那裡，擔架上躺著的全是不斷發出呻吟、額角流著汗珠、臉色如死人一樣蒼白的人。」

那裡沒有如媒體上報道的潔白的衛生用品，也沒有專業的護理人員，對這些普通的人民來說，「戰爭是臨幸到他們頭上的一種不幸，對這種不幸，他們束手無策」。

現在茨威格有了創作的強大動力：為反對戰爭而鬥爭。他心中也有了素材——

我知道我要反對的敵人——那種把他人置於痛苦與死亡的錯誤的英雄主義；那種喪失良知的預言家們的廉價的

樂觀主義。（《昨日的世界——一個歐洲人的回憶》）

戰爭的荒謬

在我們那裡禁止的一切，衹要往前走五分鐘的路程，全都是允許的；在這裡允許的一切，回到我們那裡，又全都是禁止的。我覺得，歐洲戰爭的全部荒謬通過這個挨得如此之近的空間變得昭然若揭。

我情不自禁地問自己：在這條邊境小河裡，是否也是右邊的魚是正在進行戰爭的動物，而左邊的魚保持中立。（《昨日的世界——一個歐洲人的回憶》）

當茨威格從奧地利進入瑞士，他明白了中立國意味著什麼，「從國界那一邊的車站到這一邊的車站衹消幾分鐘的時間，然而一進入這一邊的第一秒鐘就立刻有種好像從令人窒息的空氣中突然來到充滿白雪、爽快的空曠裡的感覺」。

戰爭已經過去

戰爭結束三年了，一切安定下來，「人們重又吃得飽，重又坐在自己的寫字臺旁不受干擾地進行工作。已經

沒有搶劫活動，也沒有發生革命。我生活著，我感到自己又有了精力。」

於是，有一天，茨威格帶著試探性的心理越過了國界，到了意大利，「我作為一個奧地利人在那裡是『世敵』」，會不會不受歡迎、被拒之門外？當他到了米蘭，重又看見了大教堂，聽見了可愛的音樂，受到了昔日好友的熱情接待後——

我輕鬆地舒了一口氣：戰爭終於被埋葬了，戰爭已經成為過去。

我在所有的街道上信步而行，欣賞欣賞有點熟悉的異國風光，使人不勝愉快。（《昨日的世界——一個歐洲人的回憶》）

和平的垂死掙扎

羅馬的太陽已經沉沒，我們的白晝已經過去；黑雲、夜露和危險正在襲來，我們的事業已成灰燼。（《昨日的世界——一個歐洲人的回憶》）

茨威格在家鄉親眼目覩過納粹分子的嘴臉，並且聽他們唱過：「今天，德國屬於我們，明天，將是整個世界。」心裡早已明白了希特勒的企圖，看穿了他的陰謀，

當茨威格漂泊到英國過著毫無聲息的生活時，「看到英國人的高尚道德、忠心耿耿、毫無猜忌地信賴每一個人的真誠意願，竟被事先精心策劃的宣傳所濫用，是多麼傷心的事啊」。

茨威格知道，世界末日已臨近，一場更加殘酷的戰爭即將打響，目前的狀況，祇是和平的垂死掙扎。

絕不到野獸中去當野獸

如果你是為了人類，為了你的信仰而去，那我絕不阻攔你。但是到野獸中去當野獸，到奴隸中去當奴隸，那我堅決反對。（《昨日的世界——一個歐洲人的回憶》）

茨威格是一個真正的和平主義者，他發誓做一個世界公民，主張在生命面前人人平等，反對強權、反對戰爭，痛恨一切暴力行為。

離群索居

回顧歷史，最有失體面的時代莫過於戰亂紛爭的年代，在這種歲月裡，「即使是最潔身自好的人，最不問世事的人，也得不到安寧」。

在太平世界裡，世人耳朵中常充滿悅耳的音樂，而如今，這一切被轟鳴的炮聲所取代，詩人們被迫離群索居——

他們有的像農民一樣住在鄉下，有的從事一種小職業，有的作為一個熱情的漫遊者周遊世界。

他們有的在德國，有的在法國，有的在意大利，但又都在同一個國度，因為他們祇生活在詩的王國之中。

（《昨日的世界——一個歐洲人的回憶》）

Stefan
Zweig

第十七篇

漂泊的歷程

印度之行

為了開闊眼界，茨威格踏上了之前未曾涉足的印度——

印度給我的感覺，要比我想象的可怕憂鬱。那裡的人骨瘦如柴、精力衰竭，黑眼珠中流露出沒有歡樂的麻木神情。那種悲慘的生活和常常是極其單調的景色使我感到吃驚。而最使我吃驚的是，頑固地把人按照不同的階級和種族分成三六九等。（《昨日的世界——一個歐洲人的回憶》）

這種等級觀念在他去印度的途中就深有感觸，那是在遊船上，有兩個非常美麗、謙虛文雅又有教養的混血女孩，她們受到英國人的歧視，不能介入他們的社交圈子。這些遭遇僅僅是因為他們的父親是有著波斯血統的印度人。

踏上美洲的土地

在結束了印度之行後，茨威格開始了去美洲的旅行，「這次旅行的意圖也無非是見識見識世界和看一看我們自己未來的一角」。

我對那塊新大陸的想象完全是浪漫主義的。

美洲對我來說就是沃爾特·惠特曼。那是一片有著新的節律的土地，是一片正在實現四海之內皆兄弟的土地。

紐約給茨威格的印象相當不錯，他看到那是一個相當自由的國度，朝氣蓬勃，充滿了機會，「那個年輕的國家對每一個想工作的人來說有很多活動的範圍、有很多機會」，他閒來無事，用找工作來打發時間，在這個過程中——

我親眼看到了那個國家的神聖自由在辦事過程中是怎麼回事，沒有人問我的國籍、宗教信仰和出身。也就是說，我到處走動都不必帶護照——這對我們今天這個處處都要按手印、要有簽證和警察局證明的世界來說，簡直不可思議。（《昨日的世界——一個歐洲人的回憶》）

回顧歐洲

當茨威格在印度、美洲、非洲遊歷了一圈之後，重新回顧歐洲，他以另外一種愉快的心情來回憶這塊土地——

我從來沒有比在第一次世界大戰前的最後幾年更熱愛我們那片古老的土地，從來沒有比那個時候更希望歐洲的統一，從來沒有比那個時候更相信歐洲的前途，因為我們都以為已經看到了新的曙光。（《昨日的世界——一個歐

洲人的回憶》）

對世界發生興趣

「四十年的和平使歐洲各國的經濟充滿活力」，不僅城市設施發生了極大變化，人們的精神狀態也發生了極大改觀。

（人們由於）和自然的更密切的結合而變得更漂亮、更健康。早先，一到冬天，便是荒涼蕭索的季節，人們無精打采地在客棧裡玩牌或者在暖烘烘的斗室裡無聊地打發日子。而現在，一到冬天，人們發現山上陽光可以滋潤心肺、舒筋活血、爽身健膚。而且山區、湖泊、大海也不再像從前那樣離得那麼遙遠。自行車、汽車、有軌電車已經把距離縮短了，賦予世界以新的空間感。

更多的人選擇出去旅遊，到較遠的地方，甚至國外去──

人們已經對整個世界發生興趣，想看一看是不是世界到處都這樣美，想看一看是不是還有更美的地方。從前，祇有享有特權的人才到過國外，而現在，銀行職員和小工商業者也都到意大利、法國去旅行。固然，出國旅行比以前便宜了，也方便多了，但最主要的是，人們心中的那種

新的勇氣、新的敢闖精神使他們在旅遊方面更有魄力。

（《昨日的世界——一個歐洲人的回憶》）

世界變得更美麗

與那個主張老成持重的時代形成鮮明對比的是，現在——

整個一代人都決心使自己變得更富於青春氣息，每個人都為自己年輕而自豪，這一點和我父母親那個世界剛巧相反，首先是那些年輕人臉上的鬍子突然消失了，然後是年紀大的人傚傚他們刮去自己臉上的鬍子，為的是不願讓自己顯出老相。（《昨日的世界——一個歐洲人的回憶》）

很顯然，「年輕、精神煥發」已成為當時的口號，而不再是老成持重」。人們的穿著打扮也越來越自然，世界變得更美麗了，也更自由了。

共同的感情體

科學技術的突飛猛進，使不同國家的人們逐漸感到彼此之間是緊密聯繫、息息相關的。每一項科學發明，人們

都把它當成人類的共同財富，當柏林的飛艇在斯特拉斯堡上空盤旋的時候，下面是一片熱情的歡騰，當聽到它不幸墜毀的消息時——

維爾哈倫眼裡含著淚水，非常激動。如果他僅僅作為一個比利時人，也許會對這次德國的空難抱無所謂的態度，但是，他覺得自己是一個歐洲人，是一個我們同時代的人，因此，他和我們一起分享戰勝自然的共同勝利，同樣，也為我們共同遭受到的考驗而分憂。

歐洲是一個共同體的感情，即歐洲是一個國家的意識開始形成。（《昨日的世界——一個歐洲人的回憶》）

短暫的寧靜

在歐洲局勢一天天緊張起來之際，「巴黎這座城市比以往任何時候都顯得無憂無慮，而且人們以自己無憂無慮的心情喜歡自己的這座城市」。

當時的巴黎實在太美了，我們自己也太年輕和太幸福了。

到了晚上，我們像一群中學生似的在詼諧模仿的宴會上大吵大鬧。繁花似錦，微風拂來，一股甜滋滋的氣息。面對這許多歡樂，誰願意去想一些不堪設想的事？（《昨

日的世界——一個歐洲人的回憶》）

　　然而，1914年6月28日薩拉熱窩那一聲槍響，把他們的這種寧靜生活擊得粉碎。

Stefan
Zweig

第十八篇

青春的喜與悲

朝氣

祇有燃燒著思想火焰的人，才是真正富有朝氣的人，而民族祇有在團結的時刻，也祇有在強烈信仰的時刻，才能精力充沛。（《羅曼·羅蘭傳》）

一個人富有朝氣，能給他的事業助上一臂之力；一個民族富有朝氣，才能放眼未來，大展宏圖。

青春的熱情

因為年輕，所以對什麼事都充滿熱情；因為年輕，所以總是有用不完的精力。對一個年輕人來說——

每件芝麻大的小事、每件什麼意義也沒有的滑稽事，都會引起這樣的歡笑，簡直可以說渾身裝滿歡笑的火藥，祇要一點小小的火星就能使歡笑爆發出來。這種輕快、調皮的笑總是猶如即將離弦的箭一般，甚至在睡夢中，它也在那張稚氣未消的嘴邊描繪出一道喜氣洋洋的花紋。（《富貴夢》）

被束縛的青春

學校首先就得教育我們把現存的一切尊為完美無缺

的，教師的看法是萬無一失的，父親的話是不可反駁的，國家的一切設施都是絕對有效和與世永存的。

學校的真正使命與其說是引導我們向前，毋寧說是阻止我們向前；不是把我們培養成為有豐富內心世界的人，而是要我們儘可能百依百順地去適應既定的社會結構；不是提高我們的能力，而是對我們的能力加以約束和消滅能力差異。（《昨日的世界——一個歐洲人的回憶》）

與茨威格同時代的人，青春都是在嚴酷的教學制度下度過的。現在想來，不能不感到有些單調。

時隔多年，茨威格才真正領會他們那個時代的學校的意義——學校是國家維護自己權威的工具。

誰都知道，年輕人是富於想象力，思維活躍，喜歡創新，喜歡變革的。為了維持國家的安定，保住現有秩序，就得束縛他們，而最好的辦法就是把他們限制在國家精心設置的「教學計劃」之內。

物極必反

沒有什麼能夠阻擋你對自由的向往。

我很早就顯露出對自由的酷愛，其激烈的程度，是今天的青年一代無法理解的；同時，我又對一切權威，對

一切曾經伴隨我一生的「教訓口吻」的談話深惡痛絕。

（《昨日的世界——一個歐洲人的回憶》）

學校施加給青年人的壓力，目的是為了使他們安於現狀，變得麻木不仁。物極必反，這是不變的道理，在這種壓力下，青年人會走向另一條激進奮勇的道路。

英雄不問出處

拿破侖，一個小小的少尉波拿巴，他是怎麼使法國整整一代人激奮起來的？青年人在他身上看到的是一種精神，即——

Stefan
Zweig

354

一個人為了早早獲得權勢，並非生下來就必須是王子或侯爵不可，一個人不論出生在哪種小戶人家，甚至出生在一個貧窮的家庭，同樣可以在二十四歲成為將軍，三十歲成為法國統治者，並且很快成為世界統治者。

一個出類拔萃的年輕人，一旦在他自己的領域中一舉達到前人未能達到的成就，僅僅這一事實，就會永遠鼓舞他周圍和身後的所有青年。（《昨日的世界——一個歐洲人的回憶》）

拿破侖，使整整一代青年人的頭腦發熱，也使他們更加野心勃勃。

智力的鍛煉

一個人的肌肉缺乏鍛煉，以後還是可以補償的；而智力的飛躍，即心靈中那種內在的理解力則不同，它祇能在形成時的決定性的那幾年裡進行鍛煉，祇有早早學會把自己的心靈大大敞開的人，以後才能夠把整個世界包容在自己心中。（《昨日的世界——一個歐洲人的回憶》）

青年時代，是我們一生中最美好的時光，通常被稱為黃金歲月，茨威格是怎麼度過他的這段時光的呢？

「在我頭二十年的生涯中，我幾乎沒有好好看一看維也納周圍的美麗風光。當最美、最熱的夏季來臨時，城裡空空蕩蕩，卻使我們更加迷戀這座城市，因為我們可以趁此機會在咖啡館裡讀到更多的報章雜誌，到手得快，種類也豐富。」

對早年的這種緊張生活，茨威格從未後悔過，正是那段經歷把一種狂熱的求知熱情永遠地注入了他的血液之中。

魚與熊掌不可兼得

「在一代人的印象裡，兩全其美的事是很少有的。當社會風尚給人以自由時，國家卻要去束縛他。當國家給人

以自由時，社會風尚卻要想法去奴役他。」

「魚，我所欲也，熊掌，亦我所欲也，二者不可兼得。」生活中總是面臨取捨，沒有十全十美。

且看茨威格那個年代的青年人——

今天的一代青年得被迫去服兵役、服勞役，目的無非是為了讓許多國家的群眾服從某種意識形態，而主要是聽憑那種愚蠢的世界政治的專橫擺佈。而我們當時卻能不受干擾地獻身於自己的藝術和各種精神愛好。

而從另一個角度來講——

今天的青年生活得更豐富，而且更有意識地在度過自己的青春時代。」「他們一起運動、一起遊戲、一起滑雪，像古希臘羅馬時代似的在游泳池裡自由自在地比賽，男女兩人乘著小轎車穿過田野，他們像兄弟姐妹似的過著各種各樣健康而又無憂無慮的生活，沒有任何內在和外界的壓力。（《昨日的世界——一個歐洲人的回憶》）

堅守信仰

一個人對童年的記憶總是清晰深刻的，青年時期形成的信仰也是溶入血液、根深蒂固的——

不管現在每天在我耳邊聒噪的是什麼，不管我自己以

及無數和我命運相同的人經歷過怎樣的侮辱和磨難，我仍然不能完全違背我青年時代的信仰：儘管有這樣那樣的挫折，總有一天會重新好起來。

在道德退步一千年的情況下，茨威格仍然用繼承下來的信仰來安慰自己——

我們所遇到的這種倒退，有朝一日終將成為僅僅是永遠前進的節奏中的一種間歇。（《昨日的世界——一個歐洲人的回憶》）

兩耳不聞窗外事

十九世紀末期，當社會上各種政治思潮不斷涌動的時候，與茨威格同時代的這些年輕人仍沉浸在自己的文學興趣之中，兩耳不聞窗外事。

在我們眼裡祇有書籍和繪畫。我們對政治和社會問題絲毫不感興趣。那種刺耳的不斷爭吵對我們的生活有什麼意義呢？當全城的人為了選舉而興奮激動時，我們卻向圖書館走去。當群眾舉行暴動時，我們正在寫作和討論詩文。

一直到幾十年以後，當屋頂和牆垣倒塌到我們頭頂上時，我們才認識到，牆基早已挖空，認識到：隨著新世

紀的開始，個人自由也已開始在歐洲沒落。（《昨日的世界——一個歐洲人的回憶》）

第十九篇

家國之戀

愛國之情

熱愛祖國，是一種最純潔、最高尚、最強烈的感情。在愛國主義面前，戰士可以拋卻生命，母親可以交出兒子，妻子可以話別丈夫……

1792年7月，歷史上發生過一例重大事件：普奧聯軍開始了對法國的軍事行動。國難當前，「法國人民的自由正受到威脅，自由的事業已處在危險之中」，一批批的年輕人要去為自由而戰，為祖國獻身。魯熱・德・利勒上尉，作為一名詩人兼劇作家，被一種激情驅使，徹夜不眠，一夜之間創作出了聞名後世的《馬賽曲》，它那強烈的節奏，激昂的感情，極富戰鬥性，「它是一首典型的進行曲，勝利的凱歌，哀悼之歌，祖國的頌歌，全國人民的國歌」。這首曲子一開始並沒有引起上層的注意，直到多少年後，才成為了法國的國歌。

一件藝術品縱然可能會被時間遺忘，可能會遭到禁止和被徹底埋葬，但是，富有生命力的東西最終總會戰勝沒有生命力的東西。（《一夜之間的天才》）

這種生命力來自哪裡？毫無疑問，是詩人那深切誠摯的愛國之情！

做一個世界公民

　　我長期過著一種世界性的生活，要我在一夜之間突然憎恨另一個世界，這是做不到的，因為那個世界就像我自己的世界一樣，也是我的祖國。（《昨日的世界——一個歐洲人的回憶》）

　　第二次世界大戰一開始，茨威格就從內心裡決定要當一個世界公民，僅僅「作為一個國家的公民，要堅持正確的立場是比較困難的」。

　　祇站在自己國家的立場上，很難看清戰爭的實質，很多時候，戰爭祇是外交家們的遊戲，敵我雙方的人民之間並沒有深仇大恨，「敵方」的廣大群眾和我們的同胞一樣生活在和平之中，對戰爭一無所知。

祖國在哪裡

　　這種內心矛盾的狀態對阿爾薩斯人來說尤為痛苦，而在他們中間最最不幸的又要數像雷內・席克勒那樣的人。他們的心向著法國，可是用德語進行寫作。在他們的故土周圍戰火彌漫，他們的心好似被一把刀剖成了兩半。有的人要把他們拉向右方，有的人要把他們拽向左邊，強迫他們要麼承認德國要麼承認法國，進行這種他們不可能做到

的「非此即彼」的選擇。（《昨日的世界——一個歐洲人的回憶》）

在戰爭中，最使人憐憫，也最使人感動的是「那些沒有祖國的人，或者說比祖國還要不幸的人，即使說，他們不是沒有祖國，而是有兩三個祖國，他們自己心裡也不知道究竟屬於哪個國家」。

大家都熟知的優秀作家詹姆斯·喬伊斯，用英語寫作，「但他的思想不是英國式的，而且也不願意有英國式的思想」；還有費魯喬·布索尼，他生於意大利，在意大利讀書接受教育，但他「卻選擇了德國人的生活方式」。

重返奧地利

我們這些在戰前成長的人，不管在什麼情況下，都有一種強烈的責任感；我們認為，在這樣一種最最困難的時刻，我們更應該屬於自己的祖國，自己的家庭。我覺得，貪圖安逸，逃避眼前在那裡發生的悲劇，是多麼怯懦。而且我，作為《耶利米》的作者——更感到有責任，用自己的話去幫助克服戰敗帶來的困難。（《昨日的世界——一個歐洲人的回憶》）

戰爭結束，面對千瘡百孔的祖國，茨威格決定回去，

「要重返奧地利，所作的準備簡直就像去北極探險，必須穿上暖和的衣服和毛衣，因為誰都知道過了國境線的那一邊沒有煤——而冬天又即將來臨」。

在這種狀況下，丟了一隻鞋、一件衣服、一包食物，就可能面臨災難。即便是這樣，茨威格還是毅然決然地要回到祖國的懷抱。

第二故鄉

多少年後，當茨威格顛沛流離，不得不闊別生他養他的家鄉時，他想到了巴黎，想到了法國——

我愛那個有文化的美麗國家，我把它當作我的第二故鄉。我在那裡沒有覺得我是外國人。

在那裡，沒有人把我當作外國作家，當作陌生人。我愛那裡的人民，我愛這個國家，我愛巴黎這座城市，我在那裡有賓至如歸的感覺，它是如此之深，以致每當我乘的列車開進巴黎北站時，便會產生這樣的感情：我「回來」了。（《昨日的世界——一個歐洲人的回憶》）

故鄉，就是不管你什麼時候想起它，心裡都有一種暖融融的感覺。

巴黎之於茨威格，就像港灣之於帆船。

Stefan
Zweig

第二十篇

生活雜感

金錢觀

他已十分憎恨金錢，是黃金使得他一貧如洗，是黃金殺害了他的三個孩子，是黃金毀了他的一生。（《人類的群星閃耀時・黃金國的發現》）

金錢，這個永恆的話題，自古以來，總是仁者見仁，智者見智。

約翰・奧古斯特・蘇特爾——加利福尼亞的拓荒者，依靠他的智慧和勤奮建立了一片屬於自己的王國。在那片辛勤耕耘的土地上，機器隆隆，牛羊成群，生活富足。然而，由於黃金的發現，大批的人涌進了這裡，於是，他辛苦建立的一切，轉瞬間煙消雲散，主人淪為乞丐。在人生的末路，蘇特爾深切地體驗到金錢給他帶來的命運。

金錢本身無可非議，關鍵是對待金錢的態度。

完美記憶力的秘訣

在一個大雨滂沱的夜晚，茨威格再次走在維也納的街頭，走進一家熟悉的咖啡館。舊地重遊，看到的景象卻是人去樓空，物是人非。

他的回憶急速奔向過去，想起了多年前在這裡見到的一位故人——舊書商門德爾。

他讀書就像別人做禱告，像狂熱的賭徒在賭牌，像酩酊醉漢們死盯著空中；他讀得那樣感人，那樣忘我。我當年作為一個年輕人，第一次認識到了什麼叫全神貫注。

時隔多年，依然能夠清晰地回憶起門德爾，正是因為他身上那種專注的精神給茨威格留下了深刻的印象：

能把記憶力培養和發展到如此完美非凡的程度，祇有靠聚精會神，這是完成任何精湛技藝的永恒的秘訣。

在他的身上，茨威格發現了一個鉅大的秘密：

我們生活中所有獨一無二的和強大的東西，都祇能產生於一種不顧一切的內心的專注、高尚的偏執和神聖的狂熱勁兒。（《昨日的世界——一個歐洲人的回憶》）

從金錢的不幸中拯救自己

發財致富對猶太人來說祇是一個過渡階段，是達到真正目的的一種手段，而根本不是他的內在目標。一個猶太人的真正願望、他的潛在理想，是提高自己的精神文明，使自己進入到更高的文化層次。

在猶太人的內心，都不知不覺地在竭力避免成為一個道德上不可靠、令人討厭、小里小氣、把一切視為交易、祇講買賣的無知無識的人，而是努力爭取躋身於較為純

潔、不計較金錢的知識者的行列……（仿佛）要把自己和整個猶太民族從金錢的不幸中拯救出來似的。（《昨日的世界——一個歐洲人的回憶》）

猶太民族，是一個有經濟頭腦的民族，同時也是一個尊重知識的民族。

維也納的咖啡館

維也納的咖啡館，是一種非常特別的設施，在世界上還找不出一種類似的設施與之相比較。（《昨日的世界——一個歐洲人的回憶》）

在那裡，祇要花上一杯咖啡的錢，就可以坐上幾個小時，人人都可以去，「可以在裡面討論、寫作、玩牌、閱讀自己的郵件，而最主要的是可以在裡面免費閱讀無數的報刊」。

咖啡館，成了人們瞭解一切新鮮事物的教育場所。

收藏並非占有

我從來不認為我是那些物品的占有者，而僅僅是那些物品在那個時期的保管者。吸引我的不是那種占有的欲

望、據為己有的欲望，而是要把那些珍品搜集到一起的心情，是把收藏當作一項藝術性的工作。我當時就意識到，這項收集工作本身，從總的長遠的觀點來看，比我自己的作品更有價值。（《昨日的世界——一個歐洲人的回憶》）

搞收藏是需要毅力的，收藏的過程會遇到意想不到的困難，在朋友的幫助和自身的努力下，茨威格的收藏事業取得了一定的成績。

茨威格打算在他死後，把他的收藏品交給一個研究所，讓後人繼續去完善充實它們，這樣「我的全部收藏就不會凝固僵化，而是一個富有生命力的有機體」。可惜，這個願望最終沒有實現。

回顧過去而不後悔

我的生存空間遠遠地超出我自己居住的範圍，我和我們那個時代一些最優秀的人物結成了私人朋友，我欣賞過最完美的演出；我可以遊覽和觀瞻那些不朽的城市、不朽的繪畫、世界上最美的風景，我沒有職務和職業上的羈絆，始終自由自在。我的工作就是我的樂趣，不僅如此，我的工作還給他人帶來樂趣！（《昨日的世界——一個歐

洲人的回憶》）

「當1931年11月的一個早晨我醒來時，我已是五十歲的人了。」

回顧過去，「歲月就這樣隨著寫作、旅行、學習、讀書、搜集、玩樂而年復一年地過去」。

五十歲通常被人們視為人生的一個轉折。站在這個轉折點，「我細細琢磨已經度過的時光；回顧那五十年的生活歷程……人們最終給予我的，要比我期待的多得多」。

在這一天，茨威格是心滿意足，心懷感激，無憂無慮，熱愛生活的。

寂寞殺人

這世上懲罰一個人的最好或者說最殘酷的辦法，就是讓他承受寂寞。寂寞殺人，因為它摧殘的不僅是身體，更是心靈。

對於一個在監獄裡度日的人來說——

包圍著我的，總是祇有這些桌子、櫃子、窗，以及床鋪、挂毯。沒有可消遣的，沒有書，沒有報，沒有生人的臉，沒有鉛筆來記個什麼，沒有一根火柴棒來捻著玩玩，什麼也沒有，什麼也沒有。我這才發現，這種單間囚禁法

是如何地用心惡毒，又是如何地扼殺心靈。（《舊書商門德爾》）

人生的悲哀

在集中營裡度過的兩年中，雅可布·門德爾失去了自己心愛的書籍，身無分文，置身於一大群冷漠、粗魯和大部分是文盲的人中間，究竟經受了多大的精神痛苦？像一隻雄鷹被砍斷翅膀，再也不能翱翔長空，他脫離了崇高的、唯一心愛的圖書世界，這給他造成多大的折磨。（《舊書商門德爾》）

文人沒有了書籍，正如俠客失去了寶劍，魚兒失去了水源，花兒失去了土壤。

可怕的寂靜

日復一日，她聽見的祇是隔壁聖夏佩勒教堂的鐘聲和鑰匙開門的聲音。除此之外，在這像棺材一樣狹小、潮濕、陰暗的房間裡，祇有一片寂靜，永恆的寂靜。

這種寂靜壓抑得人祇想逃離，到大自然中呼吸一下新鮮空氣——

這裡也是一片寂靜，但是同屋裡那種用人工的厚牆製造出來的寂靜相比，這自然的寂靜有著壓倒一切的宏大氣勢，這裡的萬籟無聲不會令人感到窒息，而是使人心胸開闊，輕鬆舒暢。

這種不是凡人一般沉寂、而是神仙一般肅穆的夜景，它具有如此無堅不摧的強大力量，易如反掌就把人的心靈征服了。（《富貴夢》）

喧囂令人厭倦，使人急於逃避；有時，寂靜也可怕。

信仰的力量

祇有強烈的感情，才能創造活生生的作品，祇有信仰，才能使精神變為世界的建設者：沒有意志克服不了的失敗，沒有自由精神壓制不住的悲傷。（《羅曼·羅蘭傳》）

信仰，看似虛弱無力，實則力大無比，它能激發靈魂的高貴與偉大。在最危險的情形下，虔誠的信仰能撫慰我們；在最嚴峻的困難面前，也是虔誠的信仰幫助我們獲得勝利。

有信仰的人是幸福的，堅守信仰的人是偉大的，一個虔誠的信仰者稱得上一個大英雄。

不要欺騙孩子

要讓一個孩子按大人的意圖去說，把孩子自己並不懂的話灌進他的嘴裡，是多麼容易的事啊。（《命喪斷頭臺的法國艷后》）

每一個孩子，都懷著一顆純潔無知的心來到這個世界上，他們的嘴裡一開始並沒有謊言。

「欺騙孩子，這真是容易極了，他們真誠無欺」，但是請不要欺騙孩子，當他們漸漸長大，看穿謊言之後，他們的內心會無比痛苦。他們太無辜，太單純，太天真了。

通過別人的眼睛看世界

一個閱歷不深的年輕人對真正的人生知之甚少，自己的經歷又極為有限。……他幾乎總是根據別人所講、自己所讀的東西想象世界、塑造世界。在自己有些閱歷之前，他必須按照別人描摹的圖像和樣本來夢想。（《愛與同情》）

當我們年輕的時候，我們對周圍的一切都感興趣，新鮮事物就更使人著迷。我們渴望瞭解這個世界。

在茨威格年輕的時候，他「一直認為相思之苦和愛情的煩惱是人的心靈受到的最屬害的折磨」，當他經歷了人

世沉浮、世事滄桑之後，才知道「還有一種比相思、比渴望愛情更加嚴重的折磨」。

關於旅行

有人說，旅行是從一個自己厭倦的地方，到一個別人厭倦的地方去。旅行的意義僅僅如此嗎？

在茨威格看來，旅行具有一種陶冶情操、淨化心靈的力量——

這種力量能一舉蕩滌你身上積滿的塵垢，將那純淨、生機盎然的身軀重新投入變幻無窮的造化的洪流中去，與自然融為一體。（《昨日的世界——一個歐洲人的回憶》）

曾經聽過這樣一個故事：有一家商店常常燈火通明，客人就問，你們在哪裡買的燈啊？主人說：我們家的燈也經常壞，衹是常常換就是了。原來保持明亮的方法很簡單，換就行了。旅行，就是保持心境明亮的好方法。在旅行中，我們暫時忘卻生活中的繁雜瑣事，去和大自然親密接觸。經常旅行的人，心情常換常新。

醫學的進步

對於醫學來說，無法醫治的病例衹存在於眼前，衹存在於我們時代、我們科學的限度之內，也就是說，衹存在於我們狹窄的、愚昧的、井底之蛙的視野之中！然而，問題並不取決於我們眼前。有成百種病例，我們今天看不見治癒的可能性，然而我們的科學是在飛速前進的，明天、後天就會找到，就會發明一種治癒的可能性。（《愛與同情》）

沒有健康的身體，就不可能有快樂的心情，然而身體這一基礎設施並不總是完好無損，時常有狀況出現。

不過，值得慶幸的是，醫學在日益進步。

不做旁觀者

不能袖手旁觀別人的困難，這是做人的起碼的責任。（《蠱》）

在魯迅的筆下，中國人習慣了做「看客」，當一個冷漠的旁觀者，把別人的痛苦當作單調生活的調味品。那樣的人性是扭曲的、麻木的。

做一個對他人有用的人，當你知道自己對他人還有些用處，這時候，你才能感覺到自己生活的意義和價值。

保持警醒

他們都面對著一個強大的潮流開始汹湧高漲的時代，他們對此卻是沉悶夾雜著不解。他們常用貪婪的雙手從混亂中抓取閃光的點滴。因為混亂的元素在他們的手指周圍那樣有趣地閃耀著，他們玩弄混亂的元素，就像孩子們把手伸到船舷外去玩水。他們中間誰也沒有預見到洪水正在飛速上漲，越長越快，以致最後大禍臨頭，逃跑已為時晚矣。比賽已經輸了，他們的性命也送掉了。（《命喪斷頭臺的法國艷后》）

作為統治者，要懂得「先天下之憂而憂，後天下之樂而樂」的道理，倘若不能做到未雨綢繆，沒有警惕意識，那麼他離災難就不遠了。

面對混亂局面，作為統治者，他們沒有絲毫的警惕意識，最終釀成苦果。

自我欺騙

人們自我麻醉的欲望想要擺脫內心深處明明已經意識到的種種危險，最喜歡采用的辦法總是竭力否認這些危險。（《抉擇》）

掩耳盜鈴的寓言故事，大家都耳熟能詳，無不感到故

事裡面的那個人愚蠢、滑稽、可笑。然而在現實生活中，類似「掩耳盜鈴」的事卻時有發生。

　　人都有這個自我欺騙的特性，祇是覺醒的程度不同。

認真感受生活的美好

　　大千世界，千姿百態，有光鮮亮麗的一面，也有陰沉晦暗的一面，即使遇到陰暗，也不要絕望、放棄自己。任何時候，都請記住：

　　生活是多姿多彩的，除了謊言和詭計之外，即使是驚險之中也不乏美的韻味。（《抉擇》）

　　用你的耳朵仔細去傾聽，每一聲鳥叫都將是美妙的旋律；用你的眼睛認真去觀察，每一朵鮮花都將是曼妙的女郎；用你的心靈仔細去感受，生活中將充滿美。

敢於挑戰

　　一種思想，一旦受到天才的鼓舞，一旦得到激情的不斷推動，它的威力足以戰勝自然界的一切力量。而一個人在他短暫的一生中，能把數百代人看來難以實現的夢想變成現實，變成永恆的真理。（《麥哲倫的功績》）

麥哲倫用自己的行動，把「幾千年來哲人賢者的推論，博學之士的設想」變成了現實。

在麥哲倫遠航之前，「一個人所能考慮到的和預見到的東西，他全部計算過了，考慮到了。但是作為一個征服者，他這勇敢而冒險的遠航是在向世人無法估量的至高力量挑戰」。

榜樣的力量

偉大的榜樣能影響整整一代人，或使人沉淪，或使人崇高，歷來如此。每當出現一個像拿破侖・波拿巴那樣的人，他周圍的人都面臨著抉擇：或是甘拜下風，卑躬屈膝，拜倒於他的偉大；或是傚傚他的榜樣，把自己的力量發揮得淋漓盡致。他的左右必然成為他的奴隸或他的競爭對手：如此傑出的個性決不容忍模棱兩可。（《一個政治家的肖像》）

有時候，說教不一定管用，甚至還會適得其反；而榜樣的力量，卻是鉅大的。

並無全才

一個有眼光的人不一定是一個實幹的人；而一個實幹的人不一定是一個有眼光的人。（《異端的權利》）

有才的人很多，但可以肯定的是，「世界上幾乎所有的人都不是全才」。

那些成功的領導者就是善於把具有不同才能的人吸引到身邊來，並把他們加以組合，合理地把不同的人放到不同的位置。決定一個球隊輸贏的，不在於它有多少明星球員，而在於各個隊員是否在合適位置發揮了最佳水平。

關於記憶

記憶很奇特，它既好又壞：它一方面很任性固執，野馬難馴，而後則又異常真切可靠；它往往把最重要的人物和事件，把讀到過的和親歷過的完全吞入遺忘的、黝黑的淵底，不經強迫便隱而不露，祇有意志的呼喚才能將它從幽冥中召回。但是，祇要捕捉到一點蛛絲馬跡，一張有風景畫的明信片、信封上熟悉的筆跡、或者變黃了的報紙，頃刻，遺忘了的東西就會像上了鉤的魚兒一樣，馬上從漆黑的深淵裡冒出來，又生動又具體。（《舊書商門德爾》）

記憶是人們工作、學習、生活的一項基本機能。學生憑借記憶，才能學會知識，不斷增強自己的才幹；演員憑借記憶，才能記住臺詞，把握住自己的感情表達，完成表演。沒有了記憶，個體什麼都學不會。從某種程度上說，記憶和學習，是人類文明的基礎。

記憶有時喜歡跟我們捉迷藏，「愈是想努力抓住的回憶，它愈是狡獪地溜走；如同在我們腦海裡的最深處飄忽地、若隱若現地游動著一支閃光的水團，苦於無法將它撈起和抓住」。

心靈的博大

人的心靈是用一種多麼神奇、多麼精妙而柔韌的纖維織就的啊！你看，祇需一樁經歷，就足以使它無限地擴大，從而能在它那本來很小的空間裡容納下整整一個世界。（《富貴夢》）

一花一世界，一草一天堂。人的心靈說小也小，說大也大。

女人以文靜為宜

　　法國女人給人的印象是什麼樣的呢？在包括茨威格在內的大多數人的腦海裡，「無非是一個祇知道照鏡子的交際花，滿腦子的艷遇、揮霍」。可是在茨威格遇到了那些法國詩人們的妻子之後，他的這個錯誤印象被完全糾正了——

　　她們勤儉持家、謙虛樸素，即使是在最拮據的情況下，也能像變魔術般地在小爐竈上創造小小的奇跡；她們精心照料孩子，並且在一切文學藝術方面又和自己的丈夫心心相印，我從未見過有比她們更賢惠、更嫻靜的主婦！（《昨日的世界——一個歐洲人的回憶》）

　　男人陽剛為美，女人文靜為宜，對一個男子來說，能和一位嫻靜優雅的女子共度此生，那該是多少年修來的福分！

國家圖書館出版品預行編目資料

茨威格幸福語錄 / 李靜著. -- 修訂 1 版. -- 新北
市：黃山國際出版社有限公司, 2024.04
　　　　面；　　　公分. -- （幸福語錄；008）
ISBN 978-986-397-162-7（平裝）
1.CST：茨威格（Zweig, Stefan, 1881-1942）
2.CST：格言

　　　　108　　　　112017033

幸福語錄 008
茨威格幸福語錄

著　　作　李靜
出　　版　黃山國際出版社有限公司
　　　　　220 新北市板橋區縣民大道 3 段 93 巷 30 弄 25 號 1 樓
　　　　　電話：02-32343788　　傳真：02-22234544
　　　　　E-mail：pftwsdom@ms7.hinet.net
印　　刷　百通科技股份有限公司
　　　　　電話：02-86926066 傳真：02-86926016
總 經 銷　貿騰發賣股份有限公司
　　　　　新北市 235 中和區立德街 136 號 6 樓
　　　　　電話：02-82275988　　傳真：02-82275989
　　　　　網址：www.namode.com
版　　次　2024 年 4 月修訂 1 版
特　　價　新台幣 280 元（缺頁或破損的書，請寄回更換）

ISBN：　978-986-397-162-7

本書經黃山書社授權，同意由黃山國際出版社有限公司出版中文
繁體字版本。非經書面同意，不得以任何形式任意重製轉載。
本書如有缺頁、破損或裝訂錯誤，請寄回出版社更換。
尊重智慧財產權・未經同意請勿翻印（Printed in Taiwan）